“十二五”职业教育国家规划教材

经全国职业教育教材审定委员会审定

财务会计模拟实训（第2版）

CAIWU KUAIJI MONI SHIXUN

谢丽安　主编

中国铁道出版社
CHINA RAILWAY PUBLISHING HOUSE

内容简介

本书是“十二五”职业教育国家规划教材，是《财务会计实务》（谢丽安主编）的配套实训教材。本书以最新的会计准则和税收法规为依据，以培养学生会计职业岗位技能为主线，以股份制制造业企业经济活动为实例编写而成。全书分为单项实训和综合实训两部分。单项实训随理论教学进度而展开，综合实训供学生在学完“财务会计实务”全部理论课程后进行综合模拟训练。本教材实训内容设计全面，代表性强，实训资料力求准确、规范。

本书适合作为高职高专、成人教育等院校财经类专业的实训教材，也可供高职和中职学生使用，同时还可作为财经类专业的学生专业技能大赛、专业技能抽考的参考用书。

图书在版编目（CIP）数据

财务会计模拟实训／谢丽安编．—2版．—北京：中国铁道出版社，2015.5（2018.1重印）

“十二五”职业教育国家规划教材

ISBN 978-7-113-19619-6

Ⅰ.①财…　Ⅱ.①谢…　Ⅲ.①财务会计—高等职业教育—教材　Ⅳ.①F234.4

中国版本图书馆CIP数据核字（2014）第298771号

书　　名：“十二五”职业教育国家规划教材
财务会计模拟实训（第2版）

作　　者：谢丽安　编

策　　划：左婷婷
责任编辑：张丽娜
封面设计：刘　颖
责任校对：龚长江
责任印制：李　佳

出版发行：中国铁道出版社（100054，北京市西城区右安门西街8号）
网　　址：http://www.tdpress.com/51eds/
印　　刷：北京市科星印刷有限责任公司
版　　次：2012年7月第1版　2015年5月第2版　2018年1月第3次印刷
开　　本：787 mm×1 092 mm　1/16　印张：22.25　字数：340千
书　　号：ISBN 978-7-113-19619-6
定　　价：49.80元

本书是“十二五”职业教育国家规划教材，经全国职业教育教材审定委员会审定。为培养高素质、高技能的应用型会计人才，加强会计实践性教学，满足高职高专院校财务会计课程实训教学的需要，编者在总结多年会计实际工作和会计实践教学经验的基础上精心编写了本书。本书主要体现以下特点：

(1)实践训练与理论教学紧密结合。本书是《财务会计实务》(谢丽安主编)的配套实训教材，全书分为单项实训和综合实训两部分，单项实训随理论教学进度而展开，目的是加深学生对理论教学的感性认识，起到同步训练、及时巩固所学知识的作用。综合实训供学生在学完“财务会计实务”全部理论课程后进行综合模拟训练而编写，是对学生学习财务会计后实践操作能力的一次全面检验和巩固。这一渐进式的学习和训练过程必将为培养应用型会计专业人才打下坚实基础。

(2)实训内容全面，仿真性强。本书以培养学生会计职业岗位技能为主线，以股份制制造企业经济活动为实例，并经过仔细分析、筛选和补充，内容全面，代表性强，深浅适当。实训资料力求准确、规范，所有原始凭证式样来自于企业、银行、税务的实际调研，仿真性强。

(3)体现最新的会计准则和税收法规。本书所设计的经济业务内容，严格执行财政部颁布的现行有效的《企业会计准则》，并按照国家税务总局最新的《企业所得税法》和“营改增”的相关要求对第一版相关税收业务进行了修订，以帮助学生领会最新的会计准则和税收法规。

本书由湖南娄底职业技术学院谢丽安负责全书内容的撰写。由于时间仓促，书中疏漏和不足之处在所难免，恳请读者、专家批评指正。教材在编写和出版过程中，得到了湖南娄底职业技术学院王威然、朱余娥、危英等副教授的关心和帮助，在此一并表示衷心的感谢！

编　者

2015 年 3 月

目录 Contents

模拟企业概况

一、模拟企业基本情况

企业名称	湘中宏源制造有限公司
所属行业	制造业
注册地址，电话	长沙市八一路148号，0731－88701245
法人代表	黄振华
注册资本	1 000万元，其中：长沙通达有限公司占60%，湘江钢铁股份有限公司占28%，长沙市环宇机械厂占2%，黄振华占10%
企业类型	股份有限公司
主要业务及主要产品	主要生产并销售球磨机、和泥机两种产品
税务登记类型	一般纳税人企业
税务登记号	430302789022218
开户银行及账号	工商银行长沙市兴城支行，1903019551012985321
会计核算形式	科目汇总表账务处理程序
适用税率	增值税税率17% 城市维护建设税税率7% 教育费附加率3% 地方教育费附加率2% 企业所得税税率25% 房产税：自用房年税率1.2%，出租房年税率12%
五险一金计提比例	基本医疗保险费12%（其中单位负担10%，个人2%） 养老保险28%（其中单位负担20%，个人8%） 失业保险3%（其中单位负担2%，个人1%） 工伤保险0.8%（由单位负担） 生育保险1%（由单位负担） 住房公积金24%（其中单位负担12%，个人12%）
经费计提比例	职工福利费14% 工会经费2% 职工教育经费2.5%
存货核算方法	存货采用实际成本计价核算，存货发出成本采用月末一次加权平均法
固定资产折旧方法	按年限平均法分类计提折旧，房屋建筑物月折旧率为0.35%，机器设备、运输设备月折旧率为1.6%，办公设备月折旧率为2.67%
无形资产摊销方法	直线法摊销
主要组织机构	厂办、生产车间、销售部、财务部

二、模拟企业生产情况简介

为简化成本核算,湘中宏源制造有限公司设置铸造车间、机加工车间和装配车间三个基本生产车间,主要生产球磨机、和泥机两种产品,主要生产原料有铸造生铁、炼钢生铁、冷轧卷板等,其生产工艺流程如图1所示。

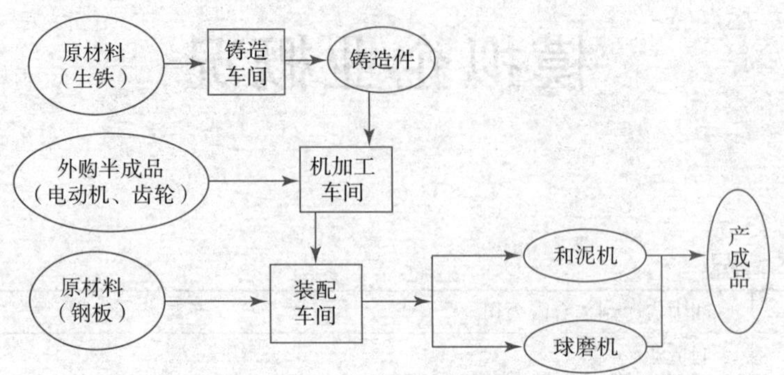

图1 湘中宏源制造有限公司生产工艺流程图

三、模拟企业会计岗位设置及各岗位职责

(一)会计岗位设置

企业财务部共设置了出纳岗位、往来结算岗位、财产物资岗位、职工薪酬岗位、税务岗位、资金岗位、成本费用岗位、财务成果岗位、总账报表岗位九个主要岗位(说明:对于生产成本的计算与核算,根据学科分工,将在成本会计学科中进行专门学习和训练,所以在本书的单项实训中没有设置成本费用岗位的实训内容)。

李静:财务负责人(兼总账报表岗位和税务岗位工作)

王琳:出纳

张洁:财产物资岗位(兼往来结算岗位工作)

李娟平:职工薪酬岗位(兼成本费用岗位工作)

陈湘平:财务成果岗位

陆军:资金岗位

(二)各岗位主要职责

1. 出纳岗位工作职责

(1)负责办理现金收付和银行结算业务。

(2)按规定认真填写支票、进账单、收款收据等原始凭证。

(3)负责编制收付款记账凭证。

(4)登记库存现金和银行存款日记账。

(5)每天下班前盘点库存现金,做到日清月结,编制现金日报表。

(6)负责保管现金、各种有价证券、收付款业务的各种印章、空白支票、空白收据等。

(7)负责银行存款账的对账工作,及时编制银行存款余额调节表,做好未达账项的清理工作,防止呆账项形成。

(8)不超限额保存现金,不私借、挪用公款,不用开支单据和“白条”顶替库存现金,不为其他单位、部门用支票套取现金。

2. 往来结算岗位工作职责

(1)建立往来款项结算手续制度。

(2)办理往来款项的结算业务。

(3)负责往来款项结算的明细核算。

(4)定期对往来款项进行清算、催收和对账,查明不符的原因,报经领导批准处理。

(5)期末进行应收款项的坏账可能性分析,计提坏账准备。

3. 财产物资岗位工作职责

(1)会同有关部门制定财产物资管理制度。

(2)协助会计主管建立健全财产清查制度、计量验收制度。

(3)负责编制材料物资的采购资金计划,会同有关部门编制材料物资的计划成本目录。

(4)负责财产物资的核算,设置并登记财产物资明细账。

(5)按规定及时办理固定资产新增手续,并建立固定资产卡片,协同物资管理部门建卡入账。

(6)参与财产物资的清查,对残损、呆滞、积压等情况进行分析,提出处理意见,督促有关部门进行处理。

(7)参与固定资产投资方案的制订和可行性分析,参与编制固定资产更新改造和大修理计划,监督在建工程的全过程。

4. 职工薪酬岗位工作职责

(1)严格按照本单位工资、奖金核算办法支付工资和各种奖金,定期组织工资发放。

(2)每月根据考勤表或计件工资统计表,依据出勤天数、岗位标准、各种补贴和奖金分配方案等有关内容,正确编制工资结算表并办理代扣各种款项。

(3)依据国家规定正确提取职工福利费、职工教育经费、工会经费等有关费用,并进行账务处理。

(4)按照工资支付对象和成本核算的要求,编制工资费用分配表,向有关部门提供工资分配的明细资料,并进行工资分配账务处理。

5. 税务岗位主要工作职责

(1)负责与税务部门进行协调与衔接。

(2)负责对涉及税收的其他岗位的业务核算进行复核。

(3)负责办理各项涉税事项手续。

(4)正确编制涉税的会计凭证,并进行明细核算。

(5)负责各项税收的纳税申报,税款缴纳。

6. 资金岗位工作职责

(1)拟定资金管理和核算办法。

(2)编制资金的收支计划。

(3)负责资金调度。

(4)负责企业各项投资的明细分类核算。

(5)负责投资收益的考核分析。

(6)了解申请银行借款的程序与要求,填写银行借款凭证。

(7)负责企业各项筹资的明细分类核算,对企业负债筹资及权益筹资各项情况进行相关会计核算。

7. 成本费用岗位工作职责

(1)严格遵守国家和公司的成本开支范围和费用开支标准,结合公司生产经营特点和管理要求,制订企业的成本核算办法。

(2)根据公司生产经营计划编制成本、费用、利润等计划,要按年、季、月层层分解,层层落实,确保成本、费用计划的实现。

(3)加强成本管理的基础工作,会同有关部门,建立健全各项原始记录,为标准成本提供可靠的依据。

(4)按照成本核算办法的规定,确定成本核算对象,正确归集、分配生产费用。

(5)按时编制产品成本、费用报表。对照成本计划找出成本升降原因,提出降低成本、费用的途径,加强成本管理。协助有关部门定期对产成品进行盘库,核对产成品库存情况。

(6)要按年、季、月层层分解,层层落实,组织成本、费用计划的实现。开展班组群众性核算,落实经济责任制。

(7)完成领导交办的其他工作。

8. 财务成果岗位主要工作职责

(1)负责收入、利润计划的制订,计算和分析利润计划的完成情况。

(2)负责销货发票和发货通知单的审核盖章。

(3)负责办理销货款项结算业务。

(4)正确确认和计量收入,正确计算收入、利润、应交的所得税和应分配的利润。

(5)负责营业收入、营业成本、利润和利润分配的明细核算。

9. 总账报表岗位主要工作职责

(1)负责根据审核无误的记账凭证、科目汇总表登记总分类账。

(2)负责编制资产负债表、利润表、现金流量表和所有者权益变动表等有关财务会计报表及附注。

(3)负责管理会计凭证和财务会计报表。

(4)利用会计报表等资料进行财务分析。

上　篇

单项实训

项目一　出纳岗位

项目目的

通过实训，使学生熟悉银行转账结算方式的操作程序；掌握现金、银行存款、其他货币资金的核算；掌握现金日记账和银行存款日记账的登记方法及库存现金和银行存款的核对方法。

项目资料

（一）湘中宏源制造有限公司 2014 年 1 月 1 日库存现金和银行存款账户余额如表 1-1 所示。

表 1-1　　库存现金和银行存款账户余额表

账户名称	借或贷	余额
库存现金	借	2 000.00
银行存款	借	304 200.00

（二）2014 年 1 月份有关出纳岗位经济业务如下：

D1-1-1

中国工商银行现金支票存根
支票号码　Ⅵ Ⅱ 00382672
附加信息
出票日期　年　月　日
收款人：
金　额：
用　途：
备　注：
单位主管　会计

中国工商银行现金支票（湘）　Ⅵ Ⅱ　00382672

本支票付款期十天

出票日期（大写）　年　月　日											付款行名称：
收款人：											出票人账号：
人民币（大写）	千	百	十	万	千	百	十	元	角	分	
用途：											科目（借）
上列款项请从											对方科目（贷）
我账户内支付											付讫日期　年　月　日
出票人签章											出纳　复核　记账

提示：2014 年 1 月 1 日，提取现金 3 000 元备用时填写现金支票。

D1-2-1

借 据

部门或姓名________　　2014 年 1 月 2 日　　第　号

今 借 到			
人民币(大写) 贰仟元整		现金付讫	此 据
￥2 000.00			
借款用途说明:去北京出差			
主管人 同意 批 准 黄振华	财务负责人 同意 意 见 李静	部门负责人 同意 意 见 刘海清	借款人 周志军 签 章

会计:张洁　　复核:张洁　　出纳:王琳

D1-3-1

中国工商银行汇票委托书(存根)

委托日期 2014 年 1 月 8 日

收款人	邵阳市无线电厂	汇款人	湘中宏源制造有限公司								
账号或住址	1902012009226860123	账号或住址	1903019551012985321								
兑付地点	湖南省邵阳市	汇款用途	采购材料								
汇款金额	人民币(大写)肆万贰仟元整		百	十	万	千	百	十	元	角	分
				￥	4	2	0	0	0	0	0
备注		科目 对方科目 财务主管 复核 经办									

中国工商银行兴城支行 2014.1.8 业务章

此联由汇款人留存作记账凭证

D1-4-1

差旅费报销单

单位名称:生产科　　填报日期:2014 年 1 月 8 日

姓名		周志军		职级	工程师	出差事由		开会	出差时间	计划 7 天 实际 7 天		备注
日期		起止地点		飞机、车、船票		其 他 费 用						
月	日	起	止	类别	金额	项 目			标准	计算天数	核报金额	
1	2	长沙	北京	火车	310.00	住宿费	包干报销		120.00	6	720.00	
1	8	北京	长沙	火车	310.00		限额报销					
						伙食补助费			25.00	7	175.00	
						车、船补助费						
						其 他 杂 支					525.00	
小 计					620.00	小 计					1 420.00	
总计金额(大写)		⊗ 贰仟零肆拾元整				预支 2 000.00 核销 2 040.00 退补 40.00						

主管:黄振华　　部门:　　审核:李静　　填报人:周志军

D1-4-2

湘中宏源制造有限公司内部付款凭单

2014 年 1 月 8 日　　　　编号：____

领款人	周志军
付款用途	补付差旅费垫款
金　额	人民币(大写)：肆拾元整
备　注	

现金付讫

财务负责人：李静　　　　出纳：王琳　　　　领款人签名：周志军

D1-5-1

43000452006　　　　**湖南省增值税专用发票**　　　　№ 00065854

发票联

开票日期：2014 年 1 月 13 日

购货单位	名　称：湘中宏源制造有限公司 纳税人识别号：430302789022218 地 址 、电 话：长沙市八一路 148 号 开户行及账号：工行长沙市兴城支行 1903019551012985321	密码区	3489-1<9-7-61596214 8<032/52>9/29533-4971 1626<8-3024>80906-2 -48—6<7>2*-/>*>5	加密版本 01 43000452006 00065854

货物或应税劳务名称	计量单位	数量	单　价	金　额	税率	税　额
铸造生铁	吨	10	3 550	35 500.00	17%	6 035.00
合　计				¥35 500.00		¥6 035.00
价税合计(大写)	肆万壹仟伍佰叁拾伍元整			(小写)¥41 535.00		

销货单位	名　称：涟源钢铁股份有限公司 纳税人识别号：430679425900067 地 址 、电 话：娄底市涟浜路 32 号 开户行及账号：工行涟钢红叶支行 1913010109601099805	备注	银行汇票 涟源钢铁股份有限公司 430679425900067 发票专用章

收款人：　　　　复核：　　　　开票人：陆小苗　　　　销货单位(章)

第二联：发票联　购货方记账凭证

D1-5-2

收 料 单

材料科目：原材料　　　　编　　号：1202

材料类别：原料及主要材料　　　　收料仓库：1号仓库

供应单位：涟源钢铁股份有限公司　　2014年1月13日　　发票号码：00065854

材料编号	材料名称	规格	计量单位	数量		实际价格			
				应收	实收	单价	发票金额	运费	合计
	铸造生铁		吨	10	10	3 550	35 500.00		35 500.00
备注									

采购员：　　检验员：　　记账员：　　保管员：

D1-5-3

中国工商银行　　Ⅲ 082258

银行汇票（多余款收账通知）　4　　第　　号

出票日期（大写）　贰零壹肆 年 零壹 月 零捌 日

代理付款行：工行长沙市兴城支行

行号：410

收款人：涟源钢铁股份有限公司　　账号：1913010109601099805

出票金额　人民币（大写）　肆万贰仟元整

实际结算金额	人民币（大写）	肆万壹仟伍佰叁拾伍元整	千	百	十	万	千	百	十	元	角	分
					¥	4	1	5	3	5	0	0

此联出票行结清后交汇款人

申请人：湘中钢铁制造有限公司　　账号或住址：1903019551012985321

出票行：工行长沙市兴城支行

行　号：

备　注：货款

出票行签章

多余金额										科目（借） 对方科目（贷） 兑付日期：2014年1月13日
千	百	十	万	千	百	十	元	角	分	复核　　记账
				¥	4	6	5	0	0	

D1-6-1

除付款单位项目外手工填写无效　湘国税发印字（2013）第024号

湖南省长沙市货物销售发票			
发票联			
发票代码:241000451011			
发票号码:20128047			
机打号码:20128047			
机器编号:004110459600			
收款单位:长沙市金友文具用品专店			
税　　号:431311004103014			
开票日期:2014－1－17　收款员:苏光			
付款单位:湘中宏源制造有限公司			
项目	单价	数量	金额
文件夹	15.00	10	150.00
计算器	50.00	10	500.00
小写合计:¥650.00			
大写合计:陆佰伍拾元整			
税控码:3272 1450 4578 9451 7789			

（印章：全国统一发票监制章　湖南　国家税务局监制；长沙市金友文具用品专店　湖南　发票专用章；长沙市税控收款机用户　发票专用章）

D1-6-2

湘中宏源制造有限公司内部付款凭单

2014年1月17日　　　　编号:______

领款人	杨梅
付款用途	购买行政管理部门用办公用品
金　额	人民币(大写):陆佰伍拾元整
备　注	

现金付讫

财务负责人:李静　　　出纳:王琳　　　领款人签名:杨梅

D1-7-1

中国工商银行进账单(收账通知)　3

2014 年 1 月 19 日　　　　第 0002 号

收款人	全　称	湘中宏源制造有限公司	付款人	全　称	湖南万通有限公司
	账　号	1903019551012985321		账　号	1901002710401242110
	开户银行	工行长沙市兴城支行		开户银行	建行新中路支行
人民币(大写)		柒万零贰佰元整	百 十 万 千 百 十 元 角 分		¥ 7 0 2 0 0 0 0
票据种类		转账支票	收款人开户行盖章		
票据张数					
单位主管　会计　复核　记账					2014 年 1 月 19 日

中国工商银行兴城支行 2014.1.19 业务章

此联是银行交收款人的收账通知

D1-7-2

43000452068

湖南省增值税专用发票

№ 00069786

此联不作报销、扣税凭证使用　　开票日期:2014 年 1 月 18 日

购货单位	名　　称:湖南万通有限公司 纳税人识别号:431228906352889 地 址 、电 话:长沙市天心区新中路 6 号 开户行及账号:建行新中路支行 1901002710401242110		密码区	241-1<4-7-61596452 7<032/52>9/29533-4974 1626<8-3024>84106-2 -40-6<7>2*-/>*>1	加密版本 01 43000452068 00069786	
货物或应税劳务名称	计量单位	数量	单　价	金　额	税率	税　额
和泥机	台	2	30 000.00	60 000.00	17%	10 200.00
合　计				¥60 000.00		¥10 200.00
价税合计(大写)	柒万零贰佰元整			(小写)¥70 200.00		
销货单位	名　　称:湘中宏源制造有限公司 纳税人识别号:430302789022218 地 址 、电 话:长沙市八一路 148 号 开户行及账号:工行长沙市兴城支行 1903019551012985321		备注	湘中宏源制造有限公司 430302789022218 发票专用章		

收款人:　　复核:　　开票人:胡红　　销货单位(章)

第三联:记账联　销货方记账凭证

D1-7-3

产成品出库单

领用单位：销售科　　　　2014 年 1 月 18 日　　　　№ 0051

产品名称	型号规格	单位	出库数量	单价	金额	备注
和泥机		台	2			

记账：　　保管：　　检验：　　制单：刘军

D1-8-1

托收凭证(付款通知)　5

委托日期：2014 年 1 月 19 日

<table>
<tr><td colspan="2">业务类型</td><td colspan="8">委托收款(□邮划,□电划)　托收承付(□邮划,□电划)</td></tr>
<tr><td rowspan="3">付款人</td><td>全　称</td><td colspan="3">湘中宏源制造有限公司</td><td rowspan="3">收款人</td><td>全　称</td><td colspan="3">江西萍乡有色金属公司</td></tr>
<tr><td>账　号</td><td colspan="3">1903019551012985321</td><td>账　号</td><td colspan="3">1900560058940035145</td></tr>
<tr><td>地　址</td><td>湖南省长沙市</td><td>开户行</td><td>工行长沙市兴城支行</td><td>地　址</td><td>江西省萍乡市/县</td><td>开户行</td><td>工行萍乡支行</td></tr>
<tr><td>金额</td><td colspan="5">人民币(大写)　陆万陆仟壹佰零伍元整</td><td colspan="4">千 百 十 万 千 百 十 元 角 分
　　 ¥ 6 6 1 0 5 0 0</td></tr>
<tr><td>款项内容</td><td>货款</td><td>托收凭据名　称</td><td colspan="2">增值税专用发票</td><td colspan="2">附寄单证张数</td><td colspan="3">2</td></tr>
<tr><td colspan="2">商品发运情况</td><td colspan="3">已发运</td><td colspan="2">合同名称号码</td><td colspan="3"></td></tr>
<tr><td colspan="2">备注：

复核　记账</td><td colspan="3">款项收妥日期

2014 年 1 月 20 日</td><td colspan="5">收款人开户行盖章
中国工商银行萍乡支行 2014.1.20 业务章
年　月　日</td></tr>
</table>

此联作为付款人开户银行给付款人按期付款通知

D1-8-2

54000452090　　　　**江西省增值税专用发票**　　　　№ 000458102

发票联

开票日期:2014 年 1 月 19 日

购货单位	名　　称:湘中宏源制造有限公司 纳税人识别号:430302789022218 地 址 、电 话:长沙市八一路 148 号 开户行及账号:工行长沙市兴城支行 1903019551012985321	密码区	029-1<9-7-6009620 1<032/52>9/29531-4974　加密版本 01 1626<8-3024>80941-2　54000452090 -14-6<7>2*-/>*>1　000458102

货物或应税劳务名称	计量单位	数量	单 价	金 额	税率	税 额
冷轧卷板	吨	10	5 650.00	56 500.00	17%	9 605.00
合 计				￥56 500.00		￥9 605.00
价税合计(大写)	陆万陆仟壹佰零伍元整			(小写)￥66 105.00		

销货单位	名　　称:江西萍乡有色金属公司 纳税人识别号:55222451287888 地 址 、电 话:人民路 14 号 开户行及账号:工行萍乡支行 1900560058940035145	备注	江西萍乡有色金属公司 55222451287888 发票专用章

收款人:　　　复核:　　　开票人:刘高　　　销货单位(章)

第二联:发票联　购货方记账凭证

D1-8-3

收 料 单

材料科目:原材料　　　　编　　号:1203

材料类别:原料及主要材料　　　　收料仓库:1 号仓库

供应单位:江西萍乡有色金属公司　　2014 年 1 月 20 日　　发票号码:000458102

材料编号	材料名称	规格	计量单位	数量		实际价格			
				应收	实收	单价	发票金额	运费	合计
	冷轧卷板		吨	10	10	5 650	56 500.00		56 500.00
备注									

采购员:　　　检验员:　　　记账员:　　　保管员:

D1-9-1

43000452069　　　　**湖南省增值税专用发票**　　　　№ 00069787

此联不作报销、扣税凭证使用　　开票日期:2014年1月23日

购货单位	名　　称:江南水泥制造公司 纳税人识别号:459012700619402O6 地 址 、电 话:江南市洛阳路20号 开户行及账号:工行江南支行 146000209619805145	密码区	2442-1<4-7-15452 7<032>9/295-4974 1626<8-3011>84106-2 -40	加密版本01 43000452069 00069787		
货物或应税劳务名称	计量单位	数量	单　价	金　额	税率	税　额
球磨机	台	1	160 000	160 000.00	17%	27 200.00
合　计				¥160 000.00		¥27 200.00
价税合计(大写)	壹拾捌万柒仟贰佰元整			(小写)¥187 200.00		
销货单位	名　　称:湘中宏源制造有限公司 纳税人识别号:430302789022218 地 址 、电 话:长沙市八一路148号 开户行及账号:工行长沙市兴城支行 1903019551012985321	备注	湘中宏源制造有限公司 430302789022218 发票专用章			

收款人:　　复核:　　开票人:胡红　　销货单位(章)

第三联:记账联　销货方记账凭证

D1-9-2

产成品出库单

领用单位:销售科　　2014年1月23日　　№ 0052

产品名称	型号规格	单位	出库数量	单价	金额	备注
球磨机		台	1			

记账:　　保管:　　检验:　　制单:刘军

D1-9-3

中国工商银行进账单(收账通知)　　**3**

年　月　日　　第　　号

收款人	全　称		付款人	全　称	
	账　号			账　号	
	开户银行			开户银行	
人民币(大写)					百 十 万 千 百 十 元 角 分
票据种类		票据张数		收款人开户行盖章	
票据号码					
单位主管　会计　复核　记账				年　月　日	

中国工商银行兴城支行　2014.1.23　业务章

此联是银行交收款人的收账通知

提示:填制进账单。

D1-9-4

付款期限
壹 个 月

中国工商银行

Ⅲ Ⅺ 00414785

银行汇票 (收款通知) 2 第 号

出票日期(大写) 贰零壹肆 年 零壹 月 贰拾叁 日

代理付款行:工行江南支行
行号:234

收款人:湘中宏源制造有限公司			账号:1903019551012985321									
出票金额	人民币(大写)	壹拾玖万元整										
实际结算金额	人民币(大写)		千	百	十	万	千	百	十	元	角	分

此联出票行交收款行作收款凭证

申请人:江南水泥制造公司

账号或住址:146000209619805145

出票行:工行江南支行

行 号:

备 注:货款及运费

出票行签章

中国工商银行江南支行 2014.1.23 业务章

多余金额										左列退回多余金额已收入你账户内。
千	百	十	万	千	百	十	元	角	分	年 月 日
										财务主管 复核 经办

提示:填写银行汇票实际结算金额和多余金额。

D1-9-5

中国工商银行

Ⅲ Ⅺ 00414785

银行汇票 (解讫通知) 3 第 号

出票日期(大写) 贰零壹肆 年 零壹 月 贰拾叁 日

代理付款行:工行江南支行
行号:234

收款人:湘中宏源制造有限公司			账号:1903019551012985321									
出票金额	人民币(大写)	壹拾玖万元整										
实际结算金额	人民币(大写)		千	百	十	万	千	百	十	元	角	分

此联代理付款行兑付后随报单寄出票行

由出票行作多余款贷方凭证

申请人:江南水泥制造公司

账号或住址:146000209619805145

出票行:工行江南支行

行 号:

备 注:货款及运费

出票行签章

中国工商银行江南支行 2014.1.23 业务章

多余金额										科目(借) 对方科目(贷)
千	百	十	万	千	百	十	元	角	分	兑付日期: 年 月 日
										复核 记账

D1-10-1

中国工商银行进账单(回单)　　1

2014 年 1 月 27 日　　第 002 号

收款人	全称	湘中宏源制造有限公司	付款人	全称	湘中宏源制造有限公司
	账号	88151689		账号	1903019551012985321
	开户银行	长沙证券公司南方营业部		开户银行	工行长沙市兴城支行
人民币(大写)		贰拾伍万元整	千 百 十 万 千 百 十 元 角 分		¥ 2 5 0 0 0 0 0 0
票据种类		转账支票	票据张数	1	收款人开户行盖章
票据号码		02852013			
单位主管　会计　复核　记账					2014 年 1 月 27 日

此联是银行交收款人的收账通知

中国工商银行兴城支行 2014.1.27 业务章

D1-10-2

中国工商银行

转账支票存根

Ⅻ　02852013

附加信息

出票日期 2014 年 1 月 27 日

收款人:湘中宏源制造有限公司
金　额:¥250 000.00
用　途:存出投资款
备　注:

单位主管　　会计

D1-11-1

委收号码：568901

委 托 收 款 凭证（付款通知）　5

委邮

委托日期：2014 年 1 月 29 日　　付款日期 2014 年 1 月 29 日

付款人	全　称	湘中宏源制造有限公司	收款人	全　称	长沙市电信公司								
	账号或地址	1903019551012985321		账号或地址	1903201710403565								
	开户银行	工行长沙市兴城支行		开户银行	工行远大支行	行号	26568						
委收金额	人民币（大写）	贰仟玖佰捌拾肆元整		千	百	十	万	千	百	十	元	角	分
							¥	2	9	8	4	0	0
款项内容	1 月份电话费	委托收款凭据名称	电信业务专业发票	附寄单证张数	1								
备注			付款人注意：1. 应于见票当日通知开户银行划款。2. 如需拒付，应在规定期限内，将拒付理由书并附债务证明退交开户银行。										

中国工商银行兴城支行 2014.1.29 业务章

单位主管：　　会计：　　复核：　　记账：　　付款人开户银行盖章　　年　月　日

此联是付款人开户银行给付款人按期付款的通知

D1-11-2

湖南省电信有限公司长沙市分公司电信业专业发票

发票联

全国统一发票监制章 湖南省 地方税务总局监制

发票代码 002459632110

发票号码 00564478

序号：1014778957　　日期：2014 年 1 月 29 日

号码：0731—88701245		业务种类：		备注：
用户名称：湘中宏源制造有限公司				
项目	金额	项目	金额	
月租费	480.00	其他费	150.00	
市话费	608.00			
长话费	1 746.00			
大写金额	贰仟玖佰捌拾肆元整		小写金额	¥2 984.00
说明	1. 本发票仅限于中国电信各类电信业务。 2. 本发票手工填制无效。 3. 本发票使用到 2014 年底，过期作废。			

D1-12-1

长沙市证券公司
证券成交过户交割单

（买）

客户账号	B 00034561233	成交证券类别	国库券
电脑编号	020867	成交证券名称	三年期国库券
客户名称	湘中宏源制造有限公司	成交数量	2 000(张)
申报编号	226022	成交价格	100.00
申报时间	2014 年 1 月 29 日	成交金额	200 000.00
成交时间	2014 年 1 月 29 日	佣金	400.00
		印花税	600.00
上次余额	0(张)	应付金额	201 000.00
本次成交	2 000(张)	附加费用	
本次余额	2 000(张)	实付金额	201 000.00

经办单位　南方营业部(章)　　客户签章　湘中宏源制造有限公司(章)

提示：①不准备长期持有。

②从资金账户中划出。

D1-13-1

中国工商银行信汇凭证(回　单)　　1

委托日期 2014 年 1 月 30 日　　No. 00461253

汇款人	全　称	湘中宏源制造有限公司	收款人	全　称	武汉工贸商城
	账　号	1903019551012985321		账　号	1956005890094003512
	汇出地点	湖南省长沙市/县		汇入地点	湖北省武汉市/县
	汇出行名称	工行长沙市兴城支行		汇入行名称	工行汉正街营业部

金额	人民币(大写) 贰万元整	千	百	十	万	千	百	十	元	角	分
				¥	2	0	0	0	0	0	0

归还货款 汇出行签章	支付密码
	附加信息及用途： 复核　　记账

此联是汇出行给汇款人的回单

D1-14-1

中国银行贷款还款凭证

贷款种类：临时借款　　　　2014 年 1 月 31 日　　　　第 014 号

<table>
<tr><td rowspan="3">还款单位</td><td>名　称</td><td colspan="13">湘中宏源制造有限公司</td></tr>
<tr><td>付款账号</td><td>1903019551012985321</td><td>贷款账号</td><td colspan="11">2914587921032566681</td></tr>
<tr><td>开户银行</td><td>工行长沙市兴城支行</td><td>开户银行</td><td colspan="11">工行长沙市兴城支行</td></tr>
<tr><td colspan="2">本次偿还金额</td><td colspan="2">人民币（大写）壹拾贰万元整</td><td>亿</td><td>千</td><td>百</td><td>十</td><td>万</td><td>千</td><td>百</td><td>十</td><td>元</td><td>角</td><td>分</td></tr>
<tr><td colspan="3">摘要：</td><td>累计还款</td><td></td><td></td><td>¥</td><td>1</td><td>2</td><td>0</td><td>0</td><td>0</td><td>0</td><td>0</td><td>0</td></tr>
<tr><td colspan="3">上述借款额请从本单位______存款户中支付
湘中宏源制造有限公司 财务专用章
（还款单位盖章）
2014 年 1 月 31 日</td><td colspan="12">中国工商银行兴城支行 2014.1.31 业务章
（银行部门盖章）
2014 年 1 月 31 日</td></tr>
</table>

D1-15-1

现金清查报告单

2014 年 1 月 31 日

<table>
<tr><td>账面数</td><td>清点数</td><td>盘盈</td><td>盘亏</td><td rowspan="2">备注</td></tr>
<tr><td>金额</td><td>金额</td><td>金额</td><td>金额</td></tr>
<tr><td></td><td>2 360.00</td><td></td><td></td><td></td></tr>
<tr><td></td><td></td><td></td><td></td><td></td></tr>
<tr><td></td><td></td><td></td><td></td><td></td></tr>
<tr><td colspan="2">分析原因：差错。</td><td colspan="3">审批意见：作营业外收入处理。
黄振华
2014.1.31</td></tr>
</table>

清查人：陈强　　　　出纳：王琳　　　　财务负责人：李静

提示：请计算账面数和盘盈数。

D1-16-1

中国工商银行长沙市兴城支行对账单

户名：湘中宏源制造有限公司　　　　　　科目号：人民币

账号：1903019551012985321　　　　　　单位：元

日期	摘要	对方客户	凭证种类号码	借方	贷方	余额
2014.01.01	承上月余额					304 200.00
2014.01.03	现金支出	湘中宏源制造有限公司	现支＃2672	3 000.00		301 200.00
2014.01.08	现金支出	邵阳市无线电厂	银行汇票	42 000.00		259 200.00
2014.01.09	现金收款	娄底市水泥厂	委收＃5436		32 000.00	291 200.00
2014.01.13	现金收款	涟源钢铁股份有限公司	银汇＃2258		465.00	291 665.00
2014.01.20	现金支出	萍乡有色金属公司	托收	66 105.00		225 560.00
2014.01.23	现金收款	江南水泥制造公司	进账单		187 200.00	412 760.00
2014.01.27	现金支出	湘中宏源制造有限公司	转支＃2013	250 000.00		162 760.00
2014.01.29	现金支出	武汉工贸商城	信汇＃1253	20 000.00		142 760.00
2014.01.30	现金支出	株洲有色金属公司	托收	15 000.00		127 760.00

提示：2014 年 1 月 31 日，到银行领取对账单查找未达账项，编制 1 月份银行余额调节表。

表 1-2

银行存款余额调节

2014 年 1 月 31 日　　　　　　单位：元

项　目	金　额	项　目	金　额
公司银行存款日记账余额		银行对账单余额	
加：银行已收，企业未收		加：企业已收，银行未收	
减：银行已付，企业未付		减：企业已付，银行未付	
调节后余额		调节后余额	

【实训要求】

1. 根据资料(一)开设库存现金、银行存款、其他货币资金总账及日记账、明细账，并登记期初余额。

2. 根据资料(二)填制(部分)和审核原始凭证，并编制记账凭证。

3. 根据记账凭证登记相关总账、日记账、明细账，并结账。

4. 对账并编制银行存款余额调节表。

【实训用具】

记账凭证 20 张，现金日记账、银行存款日记账各一张，三栏式明细账若干张，三栏式总账若干张。

【实训时间】

4 课时。

项目二　往来结算岗位

项目目的

通过实训，使学生能正确填制往来岗位相关原始凭证；熟练办理银行托收手续；能正确计提坏账准备；能熟练掌握应收账款、应收票据、预付账款、其他应收款、应付账款、应付票据和应付利息等业务的账务处理及相关总账、明细账的登记方法。

项目资料

(一)湘中宏源制造有限公司 2014 年 3 月 1 日有关往来账户余额如表 2-1 所示。

表 2-1　往来账项账户余额表

账户名称	借或贷	余　额
应收账款	借	362 000.00
——株洲水泥制造有限公司	借	320 000.00
——湖南娄底青山有限公司	借	420 00.00
其他应收款	借	3 500.00
其他应收款——潘湘军	借	3 500.00
预付账款	借	1 500.00
预付账款——财产保险费	借	1 000.00
预付账款——报刊杂志费	借	500.00
其他应付款	贷	5 000.00
其他应付款——长沙市房产公司	贷	5 000.00
应付票据	贷	300 000.00
应付票据——江西萍乡有色金属公司	贷	300 000.00
应付利息	贷	38 675.00

（二）2014 年 3 月份有关往来岗位的经济业务如下：

D2-1-1

中国工商银行信汇凭证（收账通知）　　**4**

委托日期 2014 年 3 月 2 日　　No. 0041014

汇款人	全　称	湖南娄底青山有限公司	收款人	全　称	湘中宏源制造有限公司
	账　号	1901426890652300110		账　号	1903019551012985321
	汇出地点	娄底市青山路 1 号		汇入地点	长沙市八一路 148 号
	汇出行名称	工行娄底青山办事处		汇入行名称	工行长沙市兴城支行
金额	人民币（大写）肆万贰仟元整			千百十万千百十元角分	¥ 4 2 0 0 0 0 0
归还货款	中国工商银行娄底青山办事处 ★ 2014. 3. 2 ★ 业务清讫 汇出行签章			支付密码	
				附加信息及用途： 复核　记账	

此联是给收款人单位的收款通知或代取款收据

D2-2-1

托收凭证（受理回单）　　**1**

委托日期：　年　月　日

业务类型	委托收款（□邮划，□电划）　托收承付（□邮划，□电划）				
付款人	全　称		收款人	全　称	
	账　号			账　号	
	地　址	省　市　县　开户行		地　址	省　市　县　开户行
金额	人民币（大写）			千百十万千百十元角分	
款项内容		托收凭据名　称		附寄单证张数	
商品发运情况		合同名称号码			
备注： 复核　记账		款项收妥日期： 年　月　日		收款人开户行盖章 中国工商银行兴城支行 2014.3.3 业务章 年　月　日	

此联作为收款人开户银行给收款人的受理回单

提示：填制托收承付凭证。

D2-2-2

43000452086　　**湖南省增值税专用发票**　　№ 00069804

此联不作报销、扣税凭证使用　　开票日期:2014 年 3 月 3 日

购货单位	名　　称:湖北水泥制造有限公司 纳税人识别号:42105307213058 地 址 、电 话:武汉市汉阳路 125 号 开户行及账号:工行汉阳营业部 1902345762112371234			密码区	2487-2<9-7-61594584 8<032/52>9/29533-4974 1626<8-3024>82906-2 -41-6<7>2*-/>*>1		加密版本 01 43000452086 00069804
货物或应税劳务名称		计量单位	数量	单　价	金　额	税率	税　额
球磨机		台	2	160 000.00	320 000.00	17%	54 400.00
合　计					¥320 000.00		¥54 400.00
价税合计(大写)	叁拾柒万肆仟肆佰零拾零元整				(小写)¥374 400.00		
销货单位	名　　称:湘中宏源制造有限公司 纳税人识别号:430302789022218 地 址 、电 话:长沙市八一路 148 号 开户行及账号:工行长沙市兴城支行 1903019551012985321			备注	湘中宏源制造有限公司 430302789022218 发票专用章		

第三联:记账联　销货方记账凭证

收款人:　　复核:　　开票人:胡红　　销货单位(章)

D2-2-3

产成品出库单

领用单位:销售科　　2014 年 3 月 3 日　　№ 0060

产品名称	型号规格	单位	出库数量	单价	金额	备注
球磨机		台	2			

记账:　　保管:　　检验:　　制单:刘军

D2-2-4

代垫费用清单(存根)①

日期:2014 年 3 月 3 日　　№ 0002

单位名称	湖北水泥制造有限公司	附送单据	1 张
费用项目	运费	金额:壹仟伍佰元整　¥1 500.00	
备　注			

D2-2-5

中国工商银行
转账支票存根

Ⅻ　02952025

附加信息

出票日期 2014 年 3 月 3 日

收款人:长沙市红星运输公司
金　额:¥1 500.00
用　途:代垫运费
备　注:

单位主管:　　会计:

D2-3-1

电子汇划付(收)款补充报告单

№ 01321450

币种:人民币　　流水号:000124

付款人	全　称	合肥青山水泥制造公司					收款人	全　称	湘中宏源制造有限公司									
	账　号	190500209619805145						账　号	1903019551012985321									
	开户银行	工行青山支行						开户银行	工行长沙市兴城支行									
人民币(大写)	伍拾万元整								千	百	十	万	千	百	十	元	角	分
										¥	5	0	0	0	0	0	0	0
用　途	预付款																	
备注:									收款人开户行盖章　中国工商银行兴城支行 2014.3.5 业务章									

此联是收款人开户行交给收款人的收账通知

D2-4-1

借　据

部门或姓名________　　2014 年 3 月 6 日　　第　号

今　借　到			
人民币(大写)　壹仟元整 ￥1 000.00	现金付讫		此　据
借款用途说明:去深圳开会			
主管人　同意 批　准　黄振华	财务负责人　同意 意　　见　李静	部门负责人　同意 意　　见　张建山	借款人　周清 签　章

会计:张洁　　复核:张洁　　出纳:王琳

D2-5-1

43000452087

湖南省增值税专用发票

№ 00069805

此联不作报销、扣税凭证使用　　开票日期:2014 年 3 月 8 日

购货单位	名　称:合肥青山水泥制造公司 纳税人识别号:459012700619402 06 地 址、电 话:合肥市青山路 20 号 开户行及账号:工行青山支行 19050020961980 5145		密码区	0284-1<1-7-615103 5<014/52>9/2954-49 1624<8-3024>829-0 -40-6<7>2*-/>	加密版本 01 43000452087 00069805	
货物或应税劳务名称	计量单位	数量	单　价	金　额	税率	税　额
球磨机	台	2	160 000.00	320 000.00	17%	54 400.00
和泥机	台	4	30 000.00	120 000.00	17%	20 400.00
合　计				￥440 000.00		￥74 800.00
价税合计(大写)	伍拾壹万肆仟捌佰元整			(小写)￥514 800.00		
销货单位	名　称:湘中宏源制造有限公司 纳税人识别号:430302789022218 地 址、电 话:长沙市八一路 148 号 开户行及账号:工行长沙市兴城支行 1903019551012985321		备注	湘中宏源制造有限公司 430302789022218 发票专用章		

第三联:记账联　销货方记账凭证

收款人:　　复核:　　开票人:胡红　　销货单位(章)

D2-5-2

产成品出库单

领用单位:销售科　　2014 年 3 月 8 日　　№ 0061

产品名称	型号规格	单位	出库数量	单价	金额	备注
球磨机		台	2			
和泥机		台	4			

记账:　　保管:　　检验:　　制单:刘军

D2-6-1

商业承兑汇票(存根)　3

01321450

出票日期（大写）　贰零壹肆 年 零壹 月 零捌 日

付款人	全　称	湘中宏源制造有限公司	收款人	全　称	江西萍乡有色金属公司
	账　号	1903019551012985321		账　号	1900560058940035145
	开户银行	工行长沙市兴城支行		开户银行	工行萍乡支行
出票金额	人民币（大写）	叁拾万元整		千百十万千百十元角分	¥30000000
汇票到期日		贰零壹肆年零叁月零捌日	付款人开户行	行号	4589
交易合同号码		122365		地址	
备注：					

此联由出票人存查

提示：汇票到期。

D2-6-2

委收号码：

委邮

委　托　收　款 凭证(付款通知)　5

委托日期：2014 年 3 月 8 日　　付款日期 2014 年 3 月 8 日

付款人	全　称	湘中宏源制造有限公司		收款人	全　称	江西萍乡有色金属公司	
	账号或地址	1903019551012985321			账号或地址	1900560058940035145	
	开户银行	工行长沙市兴城支行			开户银行	工行萍乡支行	行号 267
委收金额	人民币（大写）	叁拾万元整			千百十万千百十元角分	¥30000000	
款项内容	货款	委托收款凭据名称	商业承兑汇票	附寄单证张数			
备注			付款人注意：1. 应于见票当日通知开户银行划款。 2. 如需拒付，应在规定期限内，将拒付理由书并附债务证明退交开户银行。				

此联是付款人开户银行给付款人按期付款的通知

单位主管：　会计：　复核：　记账：　付款人开户银行盖章　年　月　日

中国工商银行兴城支行 2014.3.8 业务章

D2-7-1

中国工商银行信汇凭证(回单)　1

委托日期 2014 年 3 月 9 日　　№ 00461253

汇款人	全　称	湘中宏源制造有限公司	收款人	全　称	涟源钢铁股份有限公司
	账　号	1903019551012985321		账　号	1913010109601099805
	汇出地点	湖南省长沙市/县		汇入地点	湖南省娄底市/县
	汇出行名称	工行长沙市兴城支行		汇入行名称	工行涟钢红叶支行

金额	人民币(大写) 贰万元整	千	百	十	万	千	百	十	元	角	分
				¥	2	0	0	0	0	0	0

预付款	支付密码
中国工商银行兴城支行 2014.3.9 业务章 汇出行签章	附加信息及用途: 复核　　记账

此联是汇出行给汇款人的回单

D2-8-1

中国工商银行
转账支票存根
Ⅻ 02952026

附加信息

出票日期 2014 年 3 月 10 日

收款人:长沙市房产公司
金　额:¥5 000.00
用　途:支付代扣的房租
备　注:

单位主管　　会计

D2-9-1

电子汇划付(收)款补充报告单

№ 01321461

币种：人民币　　　　　　流水号：000131

付款人	全称	合肥青山水泥制造公司	收款人	全称	湘中宏源制造有限公司
	账号	190500209619805145		账号	1903019551012985321
	开户银行	工行青山支行		开户银行	工行长沙市兴城支行

人民币（大写）	壹万肆仟捌佰元整	千	百	十	万	千	百	十	元	角	分
				¥	1	4	8	0	0	0	0

用途	补付货款	收款人开户行签章
备注：		中国工商银行兴城支行 2014.3.10 业务章

此联是收款人开户行交给收款人的收账通知

D2-10-1

差旅费报销单

单位名称：办公室　　　　填报日期：2014 年 3 月 11 日

姓名	潘湘军	职级		办公室主任		出差事由		学习	出差时间	计划 6 天 / 实际 6 天		备注
日期		起止地点		飞机、车、船票		其他费用						
月	日	起	止	类别	金额	项目			标准	计算天数	核报金额	
3	5	长沙市	北京	飞机	843.00	住宿费	包干报销		250.00	5	1 250.00	
3	10	北京	长沙市	飞机	838.00		限额报销					
						伙食补助费			35.00	5	175.00	
						车、船补助费						
						其他杂支			74.00		74.00	
小计					1 681.00	小计					1 499.00	
总计金额	⊗ 叁仟壹佰捌拾元整					预支 3 500.00　核销 3 180.00　退补 320.00						

主管：黄振华　　部门：　　审核：李静　　填报人：潘湘军

D2-10-2

收 据

2014年3月11日　　　　第1号

今收到 潘湘军											
人民币(大写):叁佰贰拾零元整				十	万	千	百	十	元	角	分
						¥	3	2	0	0	0
事由: 交来借支差旅费余款 现金付讫				现金 √							
				支票　号							
收款单位		财务负责人	李静	收款人				王琳			

第三联 记账联

D2-11-1

商业承兑汇票(存根)

3

01321450

出票日期(大写) 贰零壹肆 年 叁 月 壹拾贰 日

付款人	全称	湘中宏源制造有限公司	收款人	全称	涟源钢铁股份有限公司									
	账号	1903019551012985321		账号	1913010109601099805									
	开户银行	工行长沙市兴城支行		开户银行	工行涟钢红叶支行									
出票金额	人民币(大写)	叁万伍仟叁佰肆拾壹元整			千	百	十	万	千	百	十	元	角	分
							¥	3	5	3	4	1	0	0
汇票到期日		贰零壹肆 年 陆 月 壹拾贰 日	付款人开户行	行号	142									
交易合同号码		1223		地址										
备注: 2014年3月9日已预付20 000元。														

此联由出票人存查

D2-11-2

43000452076

№ 00065924

开票日期:2014年3月12日

购货单位	名　　称:湘中宏源制造有限公司 纳税人识别号:430302789022218 地 址 、电 话:长沙市八一路148号 开户行及账号:工行长沙市兴城支行 19030195510129853 21	密码区	89-1<9-615968<02/5> 9/2953-497126<8-3024 >80906-2-48-6<7>2* -/>*>5	加密版本01 43000452076 00065924

货物或应税劳务名称	计量单位	数量	单　价	金　额	税率	税　额
炼钢生铁	吨	20	2 365	47 300.00	17%	8 041.00
合　计				¥47 300.00		¥8 041.00
价税合计(大写)	伍万伍仟叁佰肆拾壹元整			(小写)¥55 341.00		

销货单位	名　　称:涟源钢铁股份有限公司 纳税人识别号:430679425900067 地 址 、电 话:娄底市涟浜路32号 开户行及账号:工行涟钢红叶支行 1913010109601099805	备注	涟源钢铁股份有限公司 4306794 25900067 发票专用章

收款人:　　　复核:　　　开票人:陆军　　　销货单位(章)

第二联:发票联　购货方记账凭证

D2-11-3

收　料　单

材料科目:原材料　　　　编　　号:1235

材料类别:原料及主要材料　　　　收料仓库:1号仓库

供应单位:涟源钢铁股份有限公司　　2014年3月12日　　发票号码:00065924

材料编号	材料名称	规格	计量单位	数量		实际价格			
				应收	实收	单价	发票金额	运费	合计
	炼钢生铁		吨	20	20	2 365	47 300.00		47 300.00
备注									

采购员:　　　检验员:　　　记账员:　　　保管员:

D2-12-1

中国工商银行贷款利息通知单(代付出传票)

2014 年 3 月 22 日　　No. 10254226

<table>
<tr><td>户　　名</td><td colspan="2">湘中宏源制造有限公司</td><td>账　　户</td><td colspan="8">1903019551012985321</td></tr>
<tr><td>利息计算时间</td><td colspan="11">2014.1.21—2014.3.20</td></tr>
<tr><td rowspan="2">利息金额</td><td colspan="3" rowspan="2">人民币
(大写)：伍万捌仟零壹拾贰元伍角整</td><td>十</td><td>万</td><td>千</td><td>百</td><td>十</td><td>元</td><td>角</td><td>分</td></tr>
<tr><td>¥</td><td>5</td><td>8</td><td>0</td><td>1</td><td>2</td><td>5</td><td>0</td></tr>
<tr><td colspan="2">上列利息已从你单位账户扣付</td><td colspan="10">科目：
转账：
复核：　　记账：　　制单：</td></tr>
</table>

(印章：中国工商银行××××支行 2014.3.22 业务章)

提示：该借款系用于生产经营资金周转的短期借款，上两个月已计提利息38 675元。

D2-13-1

预付费用分配表

2014 年 3 月 31 日

部门	分摊项目		合　计
	财产保险费	报纸杂志费	
行政管理部门	1 000.00	500.00	1 500.00
合　计	1 000.00	500.00	1 500.00

D2-14-1

坏账准备计算表

2014 年 3 月 31 日

应收账款余额	计提比例	应提准备数	账面已提数	应补提(或冲减)数
621 620.00	10%		57 882.80	

制表：张洁

提示：将计算表填写完整。

【实训要求】

1. 根据资料(一)开设其他应收款、应收账款、预收账款、应收票据、其他应付款、应付票据、应付利息总账、明细账并登记期初余额。

2. 根据资料(二)填制(部分)和审核原始凭证，并编制记账凭证。

3. 根据记账凭证登记相关总账、明细账并结账。

【实训用具】

记账凭证 18 张，三栏式明细账若干张，三栏式总账若干张。

【实训时间】

2 课时。

项目三　财产物资岗位

项目目的

通过实训，使学生熟悉存货采购、入库、发出以及固定资产和无形资产核算所涉及的原始凭证及业务程序；明确存货收、发、存的计价；掌握存货按实际成本计价的核算方法；掌握固定资产折旧额的计算方法；掌握固定资产增加、减少、折旧和减值准备的核算方法；掌握无形资产增加、处置、计提摊销的核算方法；掌握“原材料”、“固定资产”总账及明细账的设置和登记方法。

项目资料

(一)核算方法：

生产产品耗用的原材料均实行领料制，由用料单位填写领料单，据以领料。公司存货按实际成本核算，发出存货采用月末一次加权平均法计价，发出存货实际的成本月末根据有关“领料单”编制“发出存货汇总表”一次结转。

(二)湘中宏源制造有限公司 2014 年 4 月 1 日有关账户明细账期初余额如下：

1. 在途物资明细账账户期初余额如表 3-1 所示。

表 3-1　　在途物资明细账期初余额表

明细账户	供货单位	数量(吨)	单价(元)	金额(元)
炼钢生铁	时达钢铁公司	10	2 300	23 000
合计				23 000

2. 原材料明细账账户期初余额如表 3-2 所示。

表 3-2　　原材料明细账账户期初余额表

明细账户		规格	单位	数量	单价(元)	金额(元)
主要材料	炼钢生铁		吨	50	2 200	110 000
	铸造生铁		吨	20	3 500	70 000
	冷轧卷板		吨	8	5 652	45 216
外购半成品	电动机	Y132S－4－5.5KW	台	10	981	9 810
	减速机	MBW04－Y0.37－C5	台	20	1 000	20 000
	大齿轮	ZD70	件	30	5 160	154 800
合计						409 826

3. 固定资产明细账期初余额如表 3-3 所示。

表 3-3　　固定资产明细账期初余额表

部门＼类别	房屋建筑物	机器设备	运输设备	办公设备	合计
铸造车间	1 844 000	1 282 000		8 600	3 134 600
机加工车间	1 086 000	94 675		5 780	1 186 455
装配车间	1 000 000	150 000		4 700	1 154 700
行政管理部门	2 440 000		350 000	150 000	2 940 000
出租固定资产	1 500 000				1 500 000
合计	7 870 000	1 526 675	350 000	169 080	9 915 755

(三)2014 年 4 月份有关存货、固定资产、无形资产经济业务如下：

D3-1-1

托收凭证(付款通知)　　**5**

委托日期:2014 年 4 月 2 日

业务类型		委托收款(□邮划,□电划)　托收承付(□邮划,□电划)						
付款人	全称	湘中宏源制造有限公司			收款人	全称	宝山钢铁股份有限公司	
	账号	1903019551012985321				账号	020200214509980561	
	地址	湖南省长沙市/县	开户行	工行兴城支行		地址	上海市/县	开户行　工行宝钢支行
金额	人民币(大写)	壹拾壹万伍仟零玖拾贰元整				千百十万千百十元角分	¥ 1 1 5 0 9 2 0 0	
款项内容	货款及运费	托收凭据名称	增值税专用发票 运输发票			附寄单证张数	3	
商品发运情况	已发运				合同名称号码	44512		

备注：付款人开户银行收到日期　年　月　日　　复核　记账

付款人开户行盖章　（印章：中国工商银行兴城支行 2014.4.3 业务章）　年　月　日

付款人注意：
1. 根据支付结算办法,上列委托收款(托收承付)款项在付款期限内未提出拒付,即视为同意付款,以此代付款通知。
2. 如需提出拒付,应在规定期限内,将拒付理由书并附债务证明退交开户银行。

此联作为付款人开户银行给付款人的按期付款通知

D3-1-2

02042053845　　**上海市增值税专用发票**　　№ 000246706

发票联

开票日期：2014 年 4 月 2 日

购货单位	名　　称：湘中宏源制造有限公司 纳税人识别号：430302789022218 地址、电话：长沙市八一路 148 号 开户行及账号：工行长沙市兴城支行 1903019551012985321		密码区	533024＞84106-21626＜8 -3241-12*-/＞*＞1- 49742＞9/291＜4- 5964527＜032/5-40-6＜ 7＞7-6	加密版本 01 02042053845 000246706	
货物或应税劳务名称	计量单位	数量	单　价	金　额	税率	税　额
炼钢生铁	吨	10	2 370	23 700.00	17%	4 029.00
铸造生铁	吨	20	3 520	70 400.00	17%	11 968.00
合　计				¥94 100.00		¥15 997.00
价税合计(大写)	壹拾壹万零玖拾柒元整			(小写)¥110 097.00		
销货单位	名　　称：宝山钢铁股份有限公司 纳税人识别号：430679425900067 地址、电话：上海市宝山路 2 号 开户行及账号：工行宝钢支行 020200214509980561		备注	宝山钢铁股份有限公司 430679425900067 发票专用章		

收款人：　　复核：　　开票人：　　销货单位(章)

第二联：发票联　购货方记账凭证

D3-1-3

0230045201　　**货物运输业增值税专用发票**　　№ 00258254

发票联

开票日期：2014 年 4 月 2 日

承运人及纳税人识别号	上海鑫星运输有限公司 280090338653701			密码区	039+＜+58941789*5*＜47859＜9＜82++284 5＞2-457894*1577＜1256+45+26＞＞12345 879-/1+＜3/3+215610-/75/23/9874156 3＜26-06+039＜363+-5012469-456+8512	
实际受票方及纳税人识别号	湘中宏源制造有限公司 430302789022218					
收货人及纳税人识别号	湘中宏源制造有限公司 430302789022218			发货人及纳税人识别号	宝钢股份有限公司 430679425900067	
起运地、经由、到达地						
费用项目	金额	费用项目	金额			
运输	4 500.00					
合计金额	¥4 500.00	税率	11%	税额 ¥495.00	机器编号	789800099188
价税合计(大写)	肆仟玖佰玖拾伍元整			(小写)¥4 995.00		
车种车号		车船吨位		备注	上海鑫星运输有限公司 280090338653701 发票专用章	
主管税务机关及代码	上海市宝山区地税局 0235037030					

收款人：　　复核人：　　开票人：曾小玉　　承运人：(章)

第三联：发票联　受票方记账凭证

D3-1-4

材料运杂费分摊表

2014 年 4 月 3 日

材料名称	分配标准	分配率	分配金额
炼钢生铁	10 吨		
铸造生铁	20 吨		
合计			

制表：王洁

提示：填写运杂费分配表。

D3-1-5

收　料　单

材料科目：原材料　　　　　　　　　　编　　号：120

材料类别：原料及主要材料　　　　　　收料仓库：1 号仓库

供应单位：宝钢股份有限公司　　2014 年 4 月 3 日　　发票号码：000246706

材料编号	材料名称	规格	计量单位	数量		实际价格			
				应收	实收	单价	发票金额	运费	合计
备注									

采购员：　　　　检验员：　　　　记账员：　　　　保管员：

提示：填写收料单。

D3-2-1

领　料　单

领料单位：铸造车间　　　　　　　　　　编号：

2014 年 4 月 5 日

用　　途：生产用　　　　　　　　　　　仓库：

材料编号	材料名称	计量单位	数　量		规　格	单价	金　额
			请领	实发			
	炼钢生铁	吨	20	20			

③记账

领料部门负责人：　　　　领料：　　　　发料：　　　　制单：

D3-2-2

领　料　单

领料单位：铸造车间　　　　　　　　　　　　编号：

2014 年 4 月 5 日

用　　途：生产用　　　　　　　　　　　　　仓库：

材料编号	材料名称	计量单位	数　量		规　格	单价	金　额
			请领	实发			
	铸造生铁	吨	5	5			

③记账

领料部门负责人：　　　　领料：　　　　发料：　　　　制单：

D3-3-1

收　料　单

材料科目：　　　　　　　　　　　　　　　　编　　号：1211

材料类别：　　　　　　　　　　　　　　　　收料仓库：原材料库

供应单位：时达钢铁公司　　　2014 年 4 月 8 日　　　发票号码：000458102

材料编号	材料名称	规格	计量单位	数量		实际价格			
				应收	实收	单价	发票金额	运费	合计
	炼钢生铁		吨	10	10	2 300	23 000		23 000
备注									

采购员：　　　　检验员：　　　　记账员：　　　　保管员：

D3-4-1

中国工商银行

转账支票存根

XII　02952053

附加信息

出票日期 2014 年 4 月 13 日

收款人：长沙市新源电脑公司
金　额：￥12 168.00
用　途：购手提电脑
备　注：厂部办公用

单位主管　　　　会计

D3-4-2

43100452055 湖南省增值税专用发票 № 00025869

发票联

全国统一发票监制章 国家税务总局监制

开票日期:2014年4月13日

购货单位	名称:湘中宏源制造有限公司 纳税人识别号:430302789022218 地址、电话:长沙市八一路148号 开户行及账号:工行长沙市兴城支行 1903019551012985321	密码区	0289-1<97-61596200 8<032/5>9/29531-4974 1626<8-3024>8090-2 -18-6<7>2*-/>*>5	加密版本01 43100452055 00025869

货物或应税劳务名称	规格型号	单位	数量	单价	金额	税率	税额
手提电脑		台	2	5 200	10 400.00	17%	1 768.00
合计					¥10 400.00		¥1 768.00
价税合计(大写)	壹万贰仟壹佰陆拾捌元整				(小写)¥12 168.00		

销货单位	名称:长沙市新源电脑公司 纳税人识别号:430228906354578 地址、电话:劳动东路164号 开户行及账号:工行劳动路办事处 1902100800303105001	备注	长沙市新源电脑公司 430228906354578 发票专用章

收款人: 复核: 开票人: 销货单位(章)

第二联:发票联 购货方记账凭证

D3-4-3

固定资产验收交接单

No 00025

2014年4月13日 金额单位:元

资产编号	资产名称	型号规格结构面积	计算单位	数量	设备价值或工程造价	设备基础及安装费用	附加费用	合计
	手提电脑		台	2	12 168.00			12 168.00

资产来源	外购	使用年限	5	主要附属设备	1.
制造厂名		估计残值	500.00		2.
制造日期及编号		基本折旧率			3.
工程项目或使用部门	厂部管理部门	复杂系数			4.

交验部门: 交点人: 接管部门:厂办 接管人:

D3-5-1

委托收款凭证(付款通知) 5

委托日期:2014年4月15日 付款日期2014年4月17日

<table>
<tr><td rowspan="3">付款人</td><td>全称</td><td>湘中宏源制造有限公司</td><td rowspan="3">收款人</td><td>全称</td><td colspan="3">涟源钢铁股份有限公司</td></tr>
<tr><td>账号或地址</td><td>1903019551012985321</td><td>账号或地址</td><td colspan="3">1913010109601099805</td></tr>
<tr><td>开户银行</td><td>工行长沙市兴城支行</td><td>开户银行</td><td>工行天心支行</td><td>行号</td><td>25567</td></tr>
<tr><td>委收金额</td><td colspan="4">人民币(大写) 叁万肆仟壹佰陆拾贰元伍角整</td><td colspan="3">千 百 十 万 千 百 十 元 角 分
¥ 3 4 1 6 2 5 0</td></tr>
<tr><td>款项内容</td><td>货款</td><td>委托收款凭据名称</td><td colspan="2">增值税专用发票
运输发票</td><td>附寄单证张数</td><td colspan="2">3</td></tr>
<tr><td colspan="3">备注</td><td colspan="5">付款人注意:
1. 应于见票当日通知开户银行划款。
2. 如需拒付,应在规定期限内,将拒付理由书并附债务证明退交开户银行。</td></tr>
</table>

单位主管: 会计: 复核: 记账: 付款人开户银行盖章 年 月 日

(印章:中国工商银行兴城支行 2014.4.17 业务章)

此联是付款人开户银行给付款人按期付款的通知

D3-5-2

43000452105

湖南省增值税专用发票

发票联

(印章:全国统一发票监制章 国家税务总局监制)

№ 00065953

开票日期:2014年4月15日

<table>
<tr><td rowspan="5">购货单位</td><td colspan="4">名称:湘中宏源制造有限公司</td><td rowspan="5">密码区</td><td colspan="3">489<9-7-61596214 加密版本 01</td></tr>
<tr><td colspan="4">纳税人识别号:430302789022218</td><td colspan="3">8<032/52>9/29533-4971 43000452105</td></tr>
<tr><td colspan="4">地址、电话:长沙市八一路148号</td><td colspan="3">166<8-3024>809-2 00065953</td></tr>
<tr><td colspan="4">开户行及账号:工行长沙市兴城支行</td><td colspan="3"></td></tr>
<tr><td colspan="4">1903019551012985321</td><td colspan="3"></td></tr>
<tr><td colspan="2">货物或应税劳务名称</td><td>计量单位</td><td>数量</td><td>单价</td><td>金额</td><td>税率</td><td>税额</td></tr>
<tr><td colspan="2">冷轧卷板</td><td>吨</td><td>5</td><td>5 650</td><td>28 250.00</td><td>17%</td><td>4 802.50</td></tr>
<tr><td colspan="2">合计</td><td></td><td></td><td></td><td>¥28 250.00</td><td></td><td>¥4 802.50</td></tr>
<tr><td colspan="2">价税合计(大写)</td><td colspan="4">叁万叁仟零伍拾贰元伍角整</td><td colspan="2">(小写)¥33 052.50</td></tr>
<tr><td rowspan="5">销货单位</td><td colspan="4">名称:涟源钢铁股份有限公司</td><td rowspan="5">备注</td><td colspan="3" rowspan="5">(印章:涟源钢铁股份有限公司 430679425900067 发票专用章)</td></tr>
<tr><td colspan="4">纳税人识别号:430679425900067</td></tr>
<tr><td colspan="4">地址、电话:娄底市涟浜路32号</td></tr>
<tr><td colspan="4">开户行及账号:工行涟钢红叶支行</td></tr>
<tr><td colspan="4">1913010109601099805</td></tr>
</table>

收款人: 复核: 开票人:陆小苗 销货单位(章)

第二联:发票联 购货方记账凭证

D3-5-3

4300135200　　　　**货物运输业增值税专用发票**　　　　№ 00208236

发票联

开票日期：2014 年 4 月 15 日

承运人及 纳税人识别号	娄底市顺天货运有限公司 431302590123657	密码区	0257894//-0-0*2＋99＜478582＋2845＞＞2 -457894*1577＜1256＋45＋26＞＞12345879 *0-90-/0＜514*8/006//3＋125478/0/-8 ＜47894561/-2-3*124＜＞01-8＜458＋68
实际受票方及 纳税人识别号	湘中宏源制造有限公司 430302789022218		
收货人及 纳税人识别号	湘中宏源制造有限公司 430302789022218	发货人及 纳税人识别号	涟源钢铁股份有限公司 430679425900067
起运地、经由、到达地			
费用项目　金额　费用项目　金额 运输　1 000.00			
合计金额	￥1 000.00	税率 11%　税额 ￥110.00	机器编号 889800099199
价税合计（大写）	壹仟壹佰壹拾元整	（小写）￥1 110.00	
车种车号		车船吨位	
主管税务机关 及代码	娄底市新星区国家税务局税源管理二科 14315894700	备注	娄底市顺天货运有限公司 431302590123657 发票专用章

收款人：　　　　复核人：　　　　开票人：蒋小军　　　　承运人：（章）

第三联：发票联　受票方记账凭证

D3-6-1

领　料　单

领料单位：机加工车间　　　　　　　　编号：

2014 年 4 月 18 日

用　　途：生产用　　　　　　　　仓库：

材料编号	材料名称	计量单位	数量		规格	单价	金　额
			请领	实发			
	电动机	台	5	5	Y132S－4－5.5KW		
	减速机	件	10	10	MBW04－Y0.37－C5		

③记账

领料部门负责人：　　　　领料：　　　　发料：　　　　制单：

D3-6-2

领　料　单

领料单位：装配车间　　　　　　　　　　　　　　　　　　编号：
用　　途：生产用　　　　2014 年 4 月 18 日　　　　　　仓库：

材料编号	材料名称	计量单位	数　量		规格	单价	金　额
			请领	实发			
	冷轧卷板	吨	3	3			

③记账

领料部门负责人：　　　　领料：　　　　发料：　　　　制单：

D3-7-1

投资协议书（摘要）

甲方：湖南时达投资有限公司　　　　　　法定地址：

乙方：湘中宏源制造有限公司　　　　　　法定地址：长沙市八一路 148 号

经上述各方充分协商，就投资事宜，达成如下协议：

……

出资方式及占股比例

三、甲方以一项专利权对乙方投资，双方协商以 140 000 元认定投资额，占乙方注册资本 1 000 万元的 1%的股份。

四、甲方按投资所占股份比例分享红利和分担亏损额。

五、本协议自双方签字之日起生效。一式二份，各方各执一份，以便共同遵守。若一方违约，按有关条款处理。

甲方：湖南时达投资有限公司　　　　乙方：湘中宏源制造有限公司

甲方代表人：李阳光　　　　乙方代表人：黄振华

签订日期：　2014 年 4 月 18 日

D3-8-1

收　料　单

材料科目：　　　　　　　　　　　　　　　　　　编　　号：1212
材料类别：　　　　　　　　　　　　　　　　　　收料仓库：原材料库
供应单位：涟源钢铁股份有限公司　　2014年4月20日　　发票号码：00065953

材料编号	材料名称	规格	计量单位	数量		实际价格			
				应收	实收	单价	发票金额	运费	合计
	冷轧卷板		吨	5	4		22 600	1 000	23 600
备注									

采购员：　　　　检验员：　　　　记账员：　　　　保管员：

D3-8-2

材料损失报告单

2014年4月20日

供应单位	名称规格	计量单位	损失数量	单价	价款	税额	价税合计	损失原因	处理意见
涟钢股份有限公司	冷轧卷板	吨	1	5 650	5 650.00	960.50	6 610.50	运输部门丢失	由长沙站赔偿

D3-8-3

赔偿请求单

2014年4月20日

货物名称	冷轧卷板	发运单位	涟钢股份有限公司	票据号码	002458	发运数量	50吨
价款	282 500.00		运杂费	1 000.00		实收数量	49吨
损失品种	冷轧卷板		损失数量	1吨	要求赔偿金额	6 610.50	
损失原因	货物在长沙站丢失，系长沙站责任，请求赔偿价税款6 610.50元。						

请求赔偿单位：湘中宏源制造有限公司

D3-9-1

领 料 单

领料单位：铸造车间　　　　2014 年 4 月 21 日　　　　编号：
用　　途：生产用　　　　　　　　　　　　　　　　　　仓库：

材料编号	材料名称	计量单位	数量		规格	单价	金额
			请领	实发			
	炼钢生铁	吨	6	6			

③记账

领料部门负责人：　　　　领料：　　　　发料：　　　　制单：

D3-9-2

领 料 单

领料单位：铸造车间　　　　2014 年 4 月 21 日　　　　编号：
用　　途：生产用　　　　　　　　　　　　　　　　　　仓库：

材料编号	材料名称	计量单位	数量		规格	单价	金额
			请领	实发			
	铸造生铁	吨	10	10			

③记账

领料部门负责人：　　　　领料：　　　　发料：　　　　制单：

D3-10-1

固定资产调拨单

调出单位：湘中宏源制造有限公司
调入单位：长沙市乡镇企业总公司　　　　2014 年 4 月 22 日

调拨原因或依据		出售			调拨方式		有偿	
固定资产名称	规格及型号	单位	数量	预计使用年限	原值	已提折旧	净值	协商价格
机床	A－105	台	1	5	120 000	80 000	40 000	36 000

调出单位		调入单位		备注：
公章： 财务： 经办：	（公章）	公章： 财务： 经办：	（公章）	

（印章：湘中宏源制造有限公司）（印章：长沙市乡镇企业总公司）

会计主管：　　　　稽核：　　　　制单：刘威

D3-10-2

43000452095　　**湖南省增值税专用发票**　　№ 00069813

此联不作报销、扣税凭证使用

开票日期:2014 年 4 月 22 日

购货单位	名　　称:长沙市乡镇企业总公司 纳税人识别号:430145897200123 地 址 、电 话:长沙市开源路 120 号 开户行及账号:工商银行开源办事处 1908567438675397589	密码区	12/45*-1<1-7-01256 1624<800-3024>829-0 -44-6<7>2*-/> 6/5687//1*87560/3	加密版本 01 43000452095 00069813		
货物或应税劳务名称	计量单位	数量	单　价	金　额	税率	税　额
机床	台	1	36 000.00	36 000.00	17%	6 120.00
合　计				￥36 000.00		￥6 120.00
价税合计(大写)	肆万贰仟壹佰贰拾元整		(小写)￥42 120.00			
销货单位	名　　称:湘中宏源制造有限公司 纳税人识别号:430302789022218 地 址 、电 话:长沙市八一路 148 号 开户行及账号:工行长沙市兴城支行 1903019551012985321	备注	湘中宏源制造有限公司 430302789022218 发票专用章			

收款人:×××　　复核:××　　开票人:胡红　　销货单位(章)

第二联：发票联　购货方记账凭证

D3-10-3

中国工商银行进账单(收账通知)　　**3**

2014 年 4 月 22 日　　第　　号

收款人	全　称	湘中宏源制造有限公司	付款人	全　称	长沙市乡镇企业总公司
	账　号	1903019551012985321		账　号	1908567438675397589
	开户银行	工商银行长沙市兴城支行		开户银行	工商银行开源办事处

人民币(大写)	肆万贰仟壹佰贰拾元整	百	十	万	千	百	十	元	角	分
			￥	4	2	1	2	0	0	0
票据种类	转账支票	票据张数	1							
票据号码		收款人开户行盖章								
单位主管　会计　复核　记账		2014 年 4 月 22 日								

中国工商银行兴城支行 2014.4.22 业务章

此联是银行交收款人的收账通知

D3-10-4

固定资产清理损益计算表

2014 年 4 月 22 日

清理项目	A-105	清理原因	不需用
固定资产清理借方发生额		固定资产清理贷方发生额	
清理支出内容	金额	清理收入内容	金额
固定资产净值	40 000.00	出售价款	36 000.00
借方合计	40 000.00	贷方合计	36 000.00
固定资产清理净损失金额:人民币肆仟元整			

D3-11-1

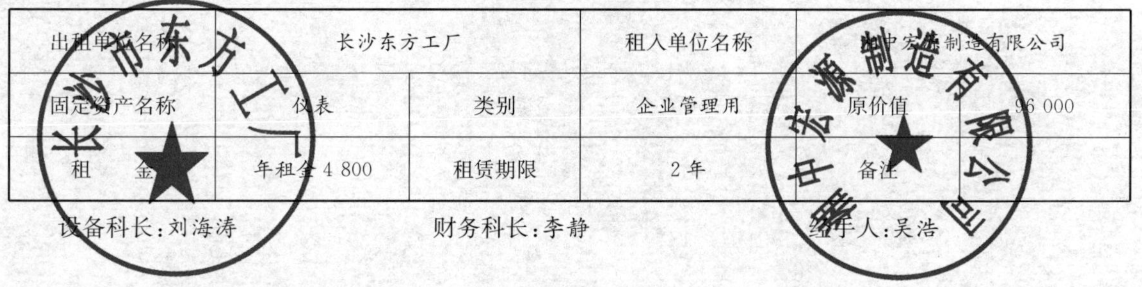

固定资产租赁合同

2014 年 4 月 23 日

出租单位名称	长沙东方工厂		租入单位名称	湘中宏源制造有限公司	
固定资产名称	仪表	类别	企业管理用	原价值	96 000
租　　金	年租金 4 800	租赁期限	2 年	备注	

设备科长：刘海涛　　　　财务科长：李静　　　　经手人：吴浩

D3-11-2

中国工商银行
转账支票存根

Ⅻ　02952054

附加信息

出票日期 2014 年 4 月 23 日

收款人：长沙东方工厂
金　额：¥400.00
用　途：支付 4 月份的租金
备　注：租入仪表厂部使用

单位主管　　　会计

D3-12-1

湖南省长沙市工业企业发票

发票联

客户:湖南鑫益机械制造有限公司　　2014 年 4 月 25 日　　№09735633

货号	品　　名	规格	单位	数量	单价	金额 百	十	万	千	百	十	元	角	分
	专利技术		项	1	30 000.00			3	0	0	0	0	0	0
合计金额(大写):叁万×仟×佰×拾×元×角×分							¥	3	0	0	0	0	0	0

第二联　发票联

开票人:胡红　　收款人:王琳　　销货单位章(未盖章无效)

湘中宏源制造有限公司 430302789022218 发票专用章

D3-12-2

中国工商银行进账单(收账通知)　　3

2014 年 4 月 25 日　　第 0002 号

收款人	全　　称	湘中宏源制造有限公司	付款人	全　　称	湖南鑫益机械制造有限公司
	账　　号	1903019551012985321		账　　号	1901122710401242457
	开户银行	工行长沙市兴城支行		开户银行	建行新中路支行
人民币(大写)		叁万元整	百 十 万 千 百 十 元 角 分		¥ 3 0 0 0 0 0 0
票据种类		转账支票	收款人开户行盖章		
票据张数					2014 年 4 月 25 日
单位主管　　会计　　复核　　记账					

此联是银行交收款人的收账通知

中国工商银行兴城支行 2014.4.25 业务章

D3-12-3

无形资产处置损益计算表

2014 年 4 月 25 日

名称及规格	生产专利技术	单位	项	数量	1
原值	40 000.00	已摊销金额	18 000.00	账面净值	22 000.00
变价收入	30 000.00	应交营业税	1 500.00	减值准备	500.00
结转	清理净收益	7 000.00			
	清理净损失				

D3-13-1

固定资产盘盈盘亏报告单

2014 年 4 月 27 日

<table>
<tr><td rowspan="2">名称</td><td rowspan="2">型号</td><td rowspan="2">单位</td><td colspan="3">盘 盈</td><td colspan="3">盘 亏</td><td rowspan="2">原因</td><td rowspan="2">备注</td></tr>
<tr><td>数量</td><td>市场价格</td><td>价值损耗</td><td>数量</td><td>原值</td><td>已提折旧</td></tr>
<tr><td>机床</td><td></td><td>台</td><td>1</td><td>20 000</td><td>4 000</td><td></td><td></td><td></td><td>前期差错</td><td>机加工车间用</td></tr>
<tr><td>电脑</td><td></td><td>台</td><td></td><td></td><td></td><td>1</td><td>5 000</td><td>2 000</td><td>待查</td><td>厂办用</td></tr>
<tr><td></td><td></td><td></td><td></td><td></td><td></td><td></td><td></td><td></td><td></td><td></td></tr>
<tr><td></td><td></td><td></td><td></td><td></td><td></td><td></td><td></td><td></td><td></td><td></td></tr>
<tr><td></td><td></td><td></td><td></td><td></td><td></td><td></td><td></td><td></td><td></td><td></td></tr>
<tr><td rowspan="2">处理意见</td><td colspan="2">使用部门</td><td colspan="3">清查小组</td><td colspan="5">审批部门</td></tr>
<tr><td colspan="2"></td><td colspan="3"></td><td colspan="5"></td></tr>
</table>

D3-14-1

发出材料汇总表

2014 年 4 月 30 日

材料名称	计量单位	数量	单价	金额	领料部门
炼钢生铁					
铸造生铁					
冷轧卷板					
电动机					
减速机					
合计					

D3-15-1

固定资产折旧计算汇总表

2014 年 4 月 30 日

类别 部门	房屋建筑物	机器设备	运输设备	办公设备	合计
铸造车间					
机加工车间					
装配车间					
行政管理部门					
出租固定资产					
合计					

提示：房屋建筑物月折旧率为 0.35%，机器设备、运输设备月折旧率为 1.6%，办公设备月折旧率为 2.67%。

D3-16-1

无形资产价值摊销表

2014 年 4 月 30 日

名利	待摊销期间	本月摊销额
发明专利		5 000.00
合　计		5 000.00

【实训要求】

1. 根据资料(一)开设“原材料”和“固定资产”总账、明细账,并登记期初余额。
2. 根据资料(二)完成相关原始凭证的填制和审核,并编制记账凭证。
3. 根据记账凭证登记“原材料”和“固定资产”总账、明细账,并结账。

【实训用具】

记账凭证 20 张,三栏式明细账若干张,三栏式总账若干张。

【实训时间】

4 课时。

项目四　职工薪酬岗位

项目目的

通过实训，使学生掌握职工薪酬的计算方法，掌握职工薪酬的结算、发放和分配的核算方法。

项目资料

(一)湘中宏源制造有限公司的应付工资采用月薪制，由财会部门统一计算、发放和核算。发放的工资转入职工的工资卡，单位和职工参加社会保险和住房公积金管理。其中生育保险费和工伤保险费由单位缴纳，养老保险费、医疗保险费、失业保险费以及住房公积金的缴纳由两部分组成：一部分个人缴纳；一部分单位缴纳。个人应缴部分由单位从其本人工资中代扣代缴。个人所得税由单位从其本人工资中代扣代缴。

(二)与工资有关的各项经费、社会保险费的计提比例(指企业负担的部分)如表 4-1 所示。

表 4-1　　企业负担各项经费、社会保险费的计提比例

项　目	计提基数	计提比例
职工福利费	本月工资总额	14%
工会经费	本月工资总额	2%
职工教育经费	本月工资总额	2.5%
住房公积金	上年月平均工资总额	12%
基本医疗保险费	上年月平均工资总额	10%
失业保险费	上年月平均工资总额	2%
养老保险金费	上年月平均工资总额	20%
生育保险费	上年月平均工资总额	1%
工伤保险费	上年月平均工资总额	0.8%

(三)公司 2014 年 5 月份发生以下有关职工薪酬的经济业务：

D4-1-1

中国工商银行
转账支票存根

Ⅻ 02952071

附加信息

出票日期 2014年5月15日

收款人：湘中宏源制造有限公司 职工工资户
金 额：￥228 706.35
用 途：支付工资
备 注：

单位主管： 会计：

D4-1-2

工资结算汇总表

2014年5月15日

部门		应付工资	代扣款项						实发工资
			养老金	住房金	医疗金	失业金	个人所得税	合计	
铸造车间	生产工人	64 000.00	5 120.00	4 480.00	1 280.00	640.00	2 176.00	13 696.00	50 304.00
	管理人员	8 000.00	640.00	560.00	160.00	80.00	272.00	1 712.00	6 288.00
	小计	72 000.00	5 760.00	5 040.00	1 440.00	720.00	2 448.00	15 408.00	56 592.00
机加工车间	生产工人	87 500.00	7 000.00	6 125.00	1 750.00	875.00	2 975.00	18 725.00	68 775.00
	管理人员	9 600.00	768.00	672.00	192.00	96.00	326.40	2 054.40	7 545.60
	小计	97 100.00	7 768.00	6 797.00	1 942.00	971.00	3 301.40	20 779.40	76 320.60
装配车间	生产工人	51 875.00	4 150.00	3 631.25	1 037.50	518.75	1 763.75	11 101.25	40 773.75
	管理人员	5 200.00	416.00	364.00	104.00	52.00	176.80	1 112.80	4 087.20
	小计	57 075.00	4 566.00	3 995.25	1 141.50	570.75	1 940.55	12 214.05	44 860.95
行政管理人员		64 800.00	5 184.00	4 536.00	1 296.00	648.00	2 203.20	13 867.20	50 932.80
合计		290 975.00	23 278.00	20 368.25	5 819.50	2 909.75	9 893.15	62 268.65	228 706.35

制表：李娟平

D4-2-1

五险一金、经费计算表

2014 年 5 月 19 日

计提项目	计提基数	计 提 率	企业计提金额
养老保险费	上年月平均工资总额 266 375.00 元	20%	53 275.00
住房公积金		12%	31 965.00
医疗保险费		10%	26 637.50
失业保险费		2%	5 327.50
生育保险费		1%	2 663.75
工伤保险费		0.8%	2 131.00
工会经费	本月工资总额 290 975.00 元	2%	5 819.50
职工教育经费		2.5%	7 274.38
合 计			135 093.63

D4-2-2

五险一金分配表

2014 年 5 月 19 日

部门		应付工资	住房公积费（12%）	养老保险费（20%）	医疗保险费（10%）	失业保费（2%）	生育保险费（1%）	工伤保险费（0.8%）	合 计
铸造车间	生产工人	54 000.00							
	管理人员	6 000.00							
	小计	60 000.00							
机加工车间	生产工人	80 500.00							
	管理人员	6 600.00							
	小计	87 100.00							
装配车间	生产工人	51 075.00							
	管理人员	4 200.00							
	小计	55 275.00							
行政管理人员		64 000.00							
合 计		266 375.00	31 965.00	53 275.00	26 637.50	5 327.50	2 663.75	2 131.00	

提示：完成表内计算项。 制表：李娟平

D4-3-1

工会经费、职工教育经费分配表

2014年5月19日

部门		应付工资	工会经费(2%)	职工教育经费(2.5%)	合计
铸造车间	生产工人	64 000.00			
	管理人员	8 000.00			
	小计	72 000.00			
机加工车间	生产工人	87 500.00			
	管理人员	9 600.00			
	小计	97 100.00			
装配车间	生产工人	51 875.00			
	管理人员	5 200.00			
	小计	57 075.00			
行政管理人员		64 800.00			
合计		290 975.00	5 819.50	7 274.38	

提示:完成表内计算项目。　　　　制表:李娟平

D4-4-1

行政拨交工会经费缴款书

缴款单位电话:　　　　缴款日期:2014年5月19日　　　　字第　号

所属月份	5	职工人数	255	本月工资总额	290 975.00	按2%应拨交经费	5 819.50

收入基层工会工会经费户		上解上级工会工会经费户		缴款单位	
户名	湘中宏源制造有限公司工会	户名	长沙市总工会	户名	湘中宏源制造有限公司
账号	1903011092283853353	账号	1901011092283840000	账号	1903019551012985321
开户行	工行湘府路支行	开户行	工行长沙市河西支行	开户行	工行长沙市兴城支行

比例	万	千	百	十	元	角	分	比例	万	千	百	十	元	角	分	合计	万	千	百	十	元	角	分
60%	¥	3	4	9	1	7	0	40%	¥	2	3	2	7	8	0		¥	5	8	1	9	5	0

合计金额(人民币大写)伍仟捌佰壹拾玖元伍角整

缴款单位盖章: （印章：湘中宏源制造有限公司 财务专用章） 2014年5月19日	工会委员会盖章: （印章：湘中宏源制造有限公司工会 财务专用章） 2014年5月19日	上列款项已划转有关工会账户 （印章：中国工商银行兴城支行 2014.5.19 业务章） 银行盖章

第一联由银行退缴款单位作回单

D4-5-1

中国工商银行
转账支票存根
Ⅻ　02952072

附加信息

出票日期　2014年5月19日

收款人:	长沙市住房公积金管理中心
金　额:	￥52 333.25
用　途:	缴付职工住房公积金
备　注:	

单位主管　　　会计

D4-5-2

长沙市公积金汇缴书

2014年5月19日

单位名称		湘中宏源制造有限公司				汇缴:2014年5月份								
公积金账号		0078911100				补缴:　　人数　人								
缴交金额(大写)伍万贰仟叁佰叁拾叁元贰角伍分							十	万	千	百	十	元	角	分
							￥	5	2	3	3	3	2	5
上月汇缴		本月增加汇缴		本月减少汇缴		本月汇缴								
人数	金额	人数	金额	人数	金额	人数	金额							
						255	52 333.25							
付款行	付款账号		支票号码											
工行	19030195510129853 21		02952072											

备注:单位部分31 965.00元,个人部分20 368.25元。

中国工商银行兴城支行 2014.5.19 业务章

银行盖章

第一联银行盖章后交单位记账

D4-6-1

湖南省社会保险基金收款收据

湘财（2007）　№ 00078945
通字

交款单位:湘中宏源制造有限公司　　　　2014 年 5 月 20 日

收入项目	人数	单位缴纳	个人缴纳	滞纳金	金额
社会保险费	255	90 034.75	32 007.25		122 042.00
合计金额（大写）	壹拾贰万贰仟零肆拾贰元整				￥122 042.00
备注					

（印章：长沙市企业职工社会保险处 财务专用章）

收款单位(财务专用章)　　财务主管:　　收款人:李平　　手工填写无效

D4-6-2

中国工商银行
转账支票存根

Ⅻ　02950029

附加信息

出票日期　2014 年 5 月 20 日

收款人:长沙市企业职工社会保险处
金　额:￥122 042.00
用　途:缴付职工社会保险费
备　注:

单位主管　　会计

D4-6-3

2014年5月市管参保单位社会保险缴费通知单

缴费方式：单位自缴　　　　　　　　　　　　　　　　　　　　单据号码：A0100708000014570

统一征缴编码		单位名称	湘中宏源制造有限公司				
单位开户行	工行长沙市兴城支行	开户户名	湘中宏源制造有限公司		银行账号	1903019551012985321	
征收机构开户行	建行新星支行	开户户名	长沙市企业职工社会保险处		银行账号	1903004589621304789	
		小　计	基本养老保险	失业保险	基本医疗保险	生育保险	工伤保险
本月应缴数据	缴费人数（人）本月在职	255					
	缴费人数（人）增加						
	缴费人数（人）减少						
	缴费人数（人）本月离退						
	（1）单位缴费基数（元）		266 375.00	266 375.00	266 375.00	266 375.00	266 375.00
	（2）单位缴费比例（%）		20%	2%	10%	1%	0.8%
	（3）单位缴费额（元）	90 034.75	53 275.00	5 327.50	26 637.50	2 663.75	2 131.00
	（4）个人缴费基数（元）						
	（5）个人缴费比例（%）						
	（6）个人缴费额（元）	32 007.25	23 278.00	2 909.75	5 819.50		
	（7）补收（退）金额（元）						
	（8）其他应缴额（元）						
	（9）抵扣应支付额（元）						
	（10）本月应缴合计（元）	122 042.00	76 553.00	8 237.25	32 457.00	2 663.75	2 131.00
（11）本月财政直接支付（元）							
（12）截至上月累计欠缴额（元）							
其中：本年欠缴额（元）							
其中：以前年度欠缴额（元）							
（13）指定预缴额（元）							
（14）滞纳金（元）							
（15）累计应缴基金总额（元）		122 042.00	76 553.00	8 237.25	32 457.00	2 663.75	2 131.00
累计应缴基金总额总计大写：壹拾贰万贰仟零肆拾贰元整						小写：￥122 042.00	

制表人：　　　　　　　　　　　　　　　　　　　　审核人：

长沙市社会保险费征缴办公室

制表时间：2014年5月20日

D4-7-1

宏源制造有限公司职工生活困难补助申请单

编号：201

<table>
<tr><td>部门</td><td>铸造车间</td><td>苏拥军</td><td>本人工资收入</td><td>1 842.00</td><td>家庭其他人员收入</td><td colspan="2">580.00</td></tr>
<tr><td rowspan="2">补助原因</td><td colspan="4" rowspan="2">妻子出车祸，收入减少，而医药费、营养费等支出增加，造成家庭生活一时困难。
现金付讫</td><td>补助性质</td><td colspan="2">临时补助</td></tr>
<tr><td>申请金额</td><td colspan="2">人民币捌佰元整</td></tr>
<tr><td>部门意见</td><td>建议临时补助捌佰元整。
陈春
2014年5月25日</td><td>公司工会意见</td><td colspan="2">同意。　张惠明
2014年5月25日</td><td>代收据</td><td colspan="2">今收到困难补助费人民币捌佰元整。
领款人：苏拥军
2014年5月25日</td></tr>
</table>

D4-8-1

工资及福利费分配表

2014年5月30日

<table>
<tr><td colspan="2" rowspan="2">部门</td><td rowspan="2">应付工资</td><td colspan="2">职工福利费</td><td rowspan="2">合计</td></tr>
<tr><td>分配率</td><td>分配额</td></tr>
<tr><td rowspan="3">铸造车间</td><td>生产工人</td><td></td><td></td><td></td><td></td></tr>
<tr><td>管理人员</td><td></td><td></td><td></td><td></td></tr>
<tr><td>小计</td><td></td><td></td><td></td><td></td></tr>
<tr><td rowspan="3">机加工车间</td><td>生产工人</td><td></td><td></td><td></td><td></td></tr>
<tr><td>管理人员</td><td></td><td></td><td></td><td></td></tr>
<tr><td>小计</td><td></td><td></td><td></td><td></td></tr>
<tr><td rowspan="3">装配车间</td><td>生产工人</td><td></td><td></td><td></td><td></td></tr>
<tr><td>管理人员</td><td></td><td></td><td></td><td></td></tr>
<tr><td>小计</td><td></td><td></td><td></td><td></td></tr>
<tr><td colspan="2">行政管理人员</td><td></td><td></td><td></td><td></td></tr>
<tr><td colspan="2">合　计</td><td></td><td>14%</td><td></td><td></td></tr>
</table>

制表：李娟平

D4-9-1

湖南省学校学杂费专用收据

单位地址：新民路22号
单位电话：8825050

收费许可证编号 NO.00327
收款日期 2014年5月30日　　NO.0001854

所在班级										
缴费人	张洁	金额								
收费项目	会计人员继续教育培训	百	十	万	千	百	十	元	角	分
学杂费					¥	1	5	0	0	0
食宿费										
自费生学费										
委培费										
合计金额					¥	1	5	0	0	0
人民币(大写)	壹佰伍拾元整									
备　注										

（印章：长沙英才会计学校 财务专用章）

收款单位(财务公章)　　收款人：张灵芝

D4-9-2

湘中宏源制造有限公司内部付款凭单

2014年5月30日　　编号：______

领款人	张洁
付款用途	会计人员继续教育培训
金　额	人民币(大写)壹佰伍拾元整
备　注	

（印章：现金付讫）

财务负责人：李静　　出纳：王琳　　领款人签名：张洁

【实训要求】

1. 根据资料(一)、(二)、(三)填制和审核原始凭证，并编制记账凭证。
2. 登记应付职工薪酬总账及明细账，并结账。

【实训用具】

记账凭证14张，三栏式明细账若干张，三栏式总账若干张。

【实训时间】

2课时。

项目五　税务岗位

项目目的

通过实训，掌握增值税、营业税、城市维护建设税、教育费附加、房产税等常见税费的计算和账务处理，掌握税款的缴纳。

项目资料

（一）湘中宏源制造有限公司 2014 年 6 月 1 日“应交税费”账户余额如表 5-1 所示。

表 5-1　　2014 年 6 月“应交税费”账户余额表

账户名称	借或贷	余额
应交税费	贷	57 000.00
应交税费——应交城市维护建设税	贷	24 500.00
——应交教育费附加	贷	10 500.00
——应交地方教育费附加	贷	7 000.00
——应交个人所得税	贷	15 000.00

（二）2014 年 6 月份有关税费经济业务如下：

D5-1-1

工商银行电汇凭证(回单)

委托日期 2014 年 6 月 5 日　　　　1　　　　№ 00461253

汇款人	全　称	湘中宏源制造有限公司	收款人	全　称	江西萍乡有色金属公司
	账　号	1903019551012985321		账　号	1900560058940035145
	汇出地点	湖南省长沙市/县		汇入地点	江西省萍乡市/县
汇出行名称		工行长沙市兴城支行	汇入行名称		工行萍乡支行

金额	人民币(大写)陆万壹仟肆佰贰拾伍元整	千	百	十	万	千	百	十	元	角	分
				¥	6	1	4	2	5	0	0

中国工商银行兴城支行 2014.6.5 业务章 汇出行签章	支付密码 附加信息及用途： 复核　　　记账

此联是汇出行给汇款人的回单

D5-1-2

江西省增值税专用发票

54000452090　　　　发票联　　　　№ 000458102

全国统一发票监制章 湖南 国家税务总局监制

开票日期:2014 年 6 月 3 日

购货单位	名　　称:湘中宏源制造有限公司 纳税人识别号:430302789022218 地 址 、电 话:长沙市八一路 148 号 开户行及账号:工行长沙市兴城支行 1903019551012985321	密码区	029-1<9-7-6009620 1<032/52>9/29531-4974　加密版本 01 1626<8-3024>80941-2　54000452090 -14-6<7>2*-/>*>1　000458102

货物或应税劳务名称	规格型号	单位	数量	单价	金　额	税率	税　额
铸造生铁		吨	15	3 500	52 5000.00	17%	8 925.00
合　计					¥52 500.00		¥8 925.00
价税合计(大写)	陆万壹仟肆佰贰拾伍元整						(小写)¥61 425.00

销货单位	名　　称:江西萍乡有色金属公司 纳税人识别号:55222451287888 地 址 :电 话:人民路 14 号 开户行及账号:工行萍乡支行 1900560058940035145	备注	江西萍乡有色金属公司 55222451287888 发票专用章

复核:　　　　开票人:李渊　　　　销货单位(章)

第二联：发票联　购货方记账凭证

D5-1-3

收　料　单

材料科目：材料　　　　　　　　　　　　编　　号：120

材料类别：原料及主要材料　　　　　　　收料仓库：1号仓库

供应单位：江西萍乡有色金属公司　　2014年6月3日　　发票号码：000458102

材料编号	材料名称	规格	计量单位	数量		实际价格			
				应收	实收	单价	发票金额	运费	合计
	铸造生铁			15	15	3 500	52 500.00		52 500.00
备注									

采购员：　　　　检验员：　　　　记账员：　　　　保管员：

D5-2-1

中华人民共和国
税收通用缴款书

地

隶属关系：　　　　　　　　　　　　　　(20061)湘地税缴：　№1589456

注册类型：有限公司　　　　填发日期：2014年6月5日　　　征收机关：长沙地税局二分局

缴款单位（人）	代码	430302789022218	预算科目	编码	
	全称	湘中宏源制造有限公司		名称	股份制企业城市维护建设税
	开户银行	工行长沙市兴城支行		级次	市级
	账号	1903019551012985321	收款国库		市国库
税款所属时期　2014年5月1日—2014年5月31日			税款限缴日期　2014年6月10日		

品目名称	课税数量	计税金额或销售收入	税率或单位税额	已缴或扣除额	实缴税额
增值税		350 000	7%		24 500.00
金额合计	(大写)贰万肆仟伍佰元整				￥24 500.00
缴款单位（人）（盖章） 经办人（章）	税务机关（盖章） 填票人（盖章）	上列款项已收妥并划转收款单位账户 国库（银行）盖章　2014年6月5日		备注	

湘中宏源制造有限公司 财务专用章　　长沙地方税务局二分局 征税专用章　　中国工商银行兴城支行 2014.6.5 业务章

第一联（收据）国库（银行）收款盖章后退缴款单位（人）作完税凭证

D5-2-2

中华人民共和国
税收通用缴款书

隶属关系：　　　　　　　　　　　　　　　　　　　　　　　　(20061)湘地税缴：　№1589457

注册类型：有限公司　　　　　填发日期：2014年6月5日　　　　　征收机关：长沙地税局二分局

缴款单位（人）	代码	430302789022218	预算科目	编码	
	全称	湘中宏源制造有限公司		名称	股份制企业教育费附加
	开户银行	工行长沙市兴城支行		级次	市级
	账号	1903019551012985321	收款国库		市国库
税款所属时期　2014年5月1日—2014年5月31日			税款限缴日期　2014年6月10日		

品目名称	课税数量	计税金额或销售收入	税率或单位税额	已缴或扣除额	实缴税额
增值税		350 000	3%		10 500.00
金额合计	（大写）壹万零伍佰元整				￥10 500.00

缴款单位（人）（盖章） 经办人（章）	税务机关（盖章） 填票人（盖章）	上列款项已收妥并划转收款单位账户 国库（银行）盖章　　2014年6月5日	备注

第一联（收据）国库（银行）收款盖章后退缴款单位（人）作完税凭证

D5-2-3

中华人民共和国
税收通用缴款书

隶属关系：　　　　　　　　　　　　　　　　　(20061)湘地税缴：　№1589458

注册类型：有限公司　　　填发日期：2014年6月5日　　　征收机关：长沙地税局二分局

<table>
<tr><td rowspan="4">缴款单位(人)</td><td>代　码</td><td colspan="2">430302789022218</td><td rowspan="3">预算科目</td><td>编　码</td><td colspan="2"></td></tr>
<tr><td>全　称</td><td colspan="2">湘中宏源制造有限公司</td><td>名　称</td><td colspan="2">股份制企业地方教育费附加</td></tr>
<tr><td>开户银行</td><td colspan="2">工行长沙市兴城支行</td><td>级　次</td><td colspan="2">市级</td></tr>
<tr><td>账　号</td><td colspan="2">190301955101298532１</td><td colspan="2">收款国库</td><td colspan="2">市国库</td></tr>
<tr><td colspan="4">税款所属时期　2014年5月1日—2014年5月31日</td><td colspan="4">税款限缴日期　2014年6月10日</td></tr>
<tr><td>品目名称</td><td>课税数量</td><td>计税金额或销售收入</td><td>税率或单位税额</td><td colspan="2">已缴或扣除额</td><td colspan="2">实缴税额</td></tr>
<tr><td>增值税</td><td></td><td>350 000</td><td>2%</td><td colspan="2"></td><td colspan="2">7 000.00</td></tr>
<tr><td>金额合计</td><td colspan="5">(大写)柒仟元整</td><td colspan="2">¥7 000.00</td></tr>
<tr><td colspan="2">缴款单位(人)
(盖章)
经办人(章)</td><td>税务机关
(盖章)
填票人(盖章)</td><td colspan="3">上列款项已收妥并划转收款单位账户
国库(银行)盖章　2014年6月5日</td><td colspan="2">备注</td></tr>
</table>

第一联(收据)国库(银行)收款盖章后退缴款单位(人)作完税凭证

D5-2-4

中华人民共和国
税收通用缴款书

隶属关系：　　　　　　　　　　　　　　　　　　(20061)湘地税缴：　№1589459

注册类型：有限公司　　　　填发日期：2014年6月5日　　　征收机关：长沙地税局二分局

缴款单位(人)	代码	430302789022218	预算科目	编码	
	全称	湘中宏源制造有限公司		名称	个人所得税
	开户银行	工行长沙市兴城支行		级次	市级
	账号	1903019551012985321	收款国库		市国库
税款所属时期　2014年5月1日—2014年5月31日			税款限缴日期　2014年6月10日		

品目名称	课税数量	计税金额或销售收入	税率或单位税额	已缴或扣除额	实缴税额
工资薪金所得					15 000.00
金额合计	(大写)壹万伍仟元整				¥15 000.00
缴款单位(人)(盖章) 经办人(章)	税务机关(盖章) 填票人(盖章)	上列款项已收妥并划转收款单位账户 国库(银行)盖章　2014年6月5日			备注

第一联(收据)国库(银行)收款盖章后退缴款单位(人)作完税凭证

（印章：湘中宏源制造有限公司 财务专用章；长沙地方税务局二分局 征税专用章；中国工商银行兴城支行 2014.6.5 业务章）

D5-3-1

中国工商银行进账单(收账通知)　　**3**

2014年6月7日　　　　　　　　　　　　第0002号

收款人	全称	湘中宏源制造有限公司	付款人	全称	长沙光明公司营业部
	账号	1903019551012985321		账号	1903002710401242300
	开户银行	工行长沙市兴城支行		开户银行	工行新中路支行

人民币(大写)	贰万元整	百	十	万	千	百	十	元	角	分
			¥	2	0	0	0	0	0	0

票据种类	转账支票	票据张数	1	
票据号码				收款人开户行盖章 2014年6月7日
单位主管　　会计　　复核　　记账				

此联是银行交收款人的收账通知

（印章：中国工商银行兴城支行 2014.6.7 业务章）

D5-3-2

收　据

2014 年 6 月 7 日　　　　　　　　　　第 2 号

今收到：长沙光明公司营业部												
人民币(大写)：贰万元整				十	万	千	百	十	元	角	分	第三联
				¥	2	0	0	0	0	0	0	
事由：2014 年 6 月份房屋租金			现金									记账联
转账收讫			支票 √　号									
收款单位	湘中宏源制造有限公司	财务负责人	李静	收款人				王琳				

D5-4-1

中国工商银行进账单(收账通知)　3

2014 年 6 月 15 日　　　　　　第　　号

收款人	全　称	湘中宏源制造有限公司	付款人	全　称	长沙水泥制造有限公司								
	账　号	1903019551012985321		账　号	1904367788959743731								
	开户银行	工行长沙市兴城支行		开户银行	工行长沙市奔龙支行								
人民币(大写)		壹拾捌万柒仟贰佰元整			百	十	万	千	百	十	元	角	分
					¥	1	8	7	2	0	0	0	0
票据种类		转支	票据张数	1									
票据号码					中国工商银行兴城支行 2014.6.15 业务章 收款人开户行盖章								
单位主管　会计　复核　记账					年　月　日								

此联是银行交收款人的收账通知

D5-4-2

湖南省增值税专用发票

43000452067　　此联不作报销、扣税凭证使用　　№ 00069785

开票日期:2014 年 6 月 15 日

购货单位	名　　称:长沙水泥制造有限公司 纳税人识别号:431103748241898 地 址 、电 话:长沙市汉阳路 15 号 开户行及账号:工行长沙市奔龙支行 1904367788959743731			密码区	2487-2<9-7-61594584 8<032/52>9/29533-4974 1626<8-3024>82906-2 -41-6<7>2*-/>*>1	加密版本 01 43000452067 00069785	
货物或应税劳务名称	计量单位	数量	单价	金额	税率	税额	
球磨机	台	1	160 000	160 000.00	17%	27 200.00	
合　计				¥160 000.00		¥27 200.00	
价税合计(大写)	壹拾捌万柒仟贰佰元整				(小写)¥187 200.00		
销货单位	名　　称:湘中宏源制造有限公司 纳税人识别号:430302789022218 地 址 、电 话:长沙市八一路 148 号 开户行及账号:工行长沙市兴城支行 1903019551012985321			备注	湘中宏源制造有限公司 430302789022218 发票专用章		

第三联:记账联　销货方记账凭证

收款人:　　复核:　　开票人:胡红　　销货单位(章)

D5-4-3

产成品出库单

领用单位:销售科　　2014 年 6 月 15 日　　№ 0075

产品名称	型号规格	单位	出库数量	单价	金额	备注
球磨机		台	1			

记账:　　保管:　　检验:　　制单:刘军

D5-5-1

湘地完电:№:02388511

注册类型:有限责任公司　　填发日期:2014年6月18日　　征收机关:长沙地税局第二分局

纳税人代码	430302789022218			地址	长沙市八一路148号	
纳税人名称	湘中宏源制造有限公司			税款所属时期	2014年6月份	
税种	品目名称	课税数量	计税金额或销售收入	税率或单位税额	已缴或扣税额	实缴金额
印花税						1 050.00
金额合计	(大写)壹仟零伍拾元整					
缴款单位(人)(盖章) 经办人(章)	税务机关(盖章) 填票人(章)			备注	税票号码:02388511 税管员:黄华	

第二联(收据)交纳税人作完税凭证

现金付讫

长沙地方税务局二分局 征税专用章

D5-6-1

材料出库单

领用单位:行政管理科　　2014年6月19日　　№ 0004

产品名称	型号规格	单位	出库数量	单价	金额	备注
冷轧卷板		吨	0.2	5 654.00	1 130.80	职工生活锅炉维修用,应负担的增值税为192.24元

记账:　　保管:　　制单:

D5-7-1

应交营业税计算

2014年6月30日

税种	计税依据		适用税率	应交金额	备注
	项目	金额			
营业税	出租房收入		5%		

制表:李静

D5-8-1

未交增值税结转表

2014年6月30日

项　　目	栏　　次	金　　额
本期销项税额	1	
本期进项税额	2	
本期进项税额转出	3	
本期实际抵扣税额	4=2－3	
本期应纳税金额	5=1－4	
期初未交纳增值税	6	
本期已交纳增值税	7	
本期未交增值税合计	8=5+6－7	

制表：李静

D5-9-1

应交城市维护建设税计算表

2014年6月30日

项　目	计税依据		适用税率3	应交金额 4=(1+2)×3	备注
	增值税1	营业税2			
城市维护建设税			7%		
合　计					

制表：李静

D5-9-2

应交教育费附加计算表

2014年6月30日

项　目	计税依据		适用税率3	应交金额 4=(1+2)×3	备注
	增值税1	营业税2			
教育费附加			3%		
合　计					

制表：李静

D5-9-3

应交地方教育费附加计算表

2014 年 6 月 30 日

项　目	计税依据		适用税率 3	应交金额 4=(1+2)×3	备注
	增值税 1	营业税 2			
地方教育费附加			2%		
合　计					

制表:李静

D5-10-1

应交房产税计算表

2014 年 6 月 30 日

自己用房				出租用房			合计
原值	扣除率	年税率	本月应交金额	月租金收入	税率	本月应交金额	
6 370 000	20%	1.2%		20 000	12%		
注:自己用房应交房产税=房产账面原值×(1-扣除率)×年税率/12							

制表:李静

D5-11-1

应交土地使用税计算表

2014 年 6 月 30 日

实际占用土地面积	每平方米年税额	本月应交金额
3 500	5	
注:月应纳税额=实际占用土地面积×每平方米年税额/12		

制表:李静

【实训要求】

1. 根据经济业务内容完成相关原始凭证的填制和审核。
2. 根据原始凭证编制记账凭证。
3. 根据记账凭证和相关原始凭证登记所有应交税费账户的明细账,并结账。

【实训用具】

记账凭证 20 张,三栏式明细账若干张,应交增值税明细账 2 张。

【实训时间】

2 课时。

项目六　资金岗位

项目目的

通过实训，使学生熟悉资金筹集的渠道和方式，熟悉资金筹集和对外投资核算所涉及的原始凭证及业务程序；掌握交易性金融资产、长期股权投资、借入资金和投入资金等业务的核算方法；掌握有关总账及明细账的设置和登记方法。

项目资料

（一）对外投资相关总账、明细账期初余额如表6-1所示。

表6-1　　对外投资期初余额表

总账账户	二级账户	明细账户	借或贷	期初余额	备　注
交易性金融资产	金达股份	成本	借	210 000	60 000股
		公允价值变动	借	60 000	
公允价值变动损益	金达股份		贷	60 000	

（二）“短期借款”总账月初贷方余额100 000元，该项借款为生产周转借款，贷款银行为中国工商银行长沙市兴城支行，借款日期为2014年1月20日，贷款期限为7个月。月利率为6.23‰，到期一次还本付息，利息按月预提。

（三）湘中宏源制造有限公司2014年8月发生下列有关资金经济业务：

D6-1-1

中国工商银行进账单(回单)

2014年8月1日　　1　　第002号

收款人	全　称	湘中宏源制造有限公司	付款人	全　称	湘中宏源制造有限公司
	账　号	88151689		账　号	1903019551012985321
	开户银行	长沙证券公司南方营业部		开户银行	工行长沙市兴城支行
人民币(大写)		贰佰万元整	千百十万千百十元角分		¥200000000
票据种类	转账支票	票据张数	1	收款人开户行盖章	
票据号码	02952085				
单位主管　会计　复核　记账				2014年8月1日	

此联是银行交收款人的收账通知

(印章:中国工商银行兴城支行 2014.8.1 业务章)

提示:向本公司股票账户划款补充资金。

D6-1-2

中国工商银行
转账支票存根

Ⅻ 02952085

附加信息

出票日期 2014年8月1日

收款人:湘中宏源制造有限公司
金　额:¥2 000 000.00
用　途:存出投资款
备　注:

单位主管　　会计

D6-2-1

工商银行借款借据(收账通知)

借款企业名称:湘中宏源制造有限公司　　　2014 年 8 月 1 日

<table>
<tr><td>贷款种类</td><td>短期借款</td><td>贷款账号</td><td>1901245789636458796</td><td colspan="3">存款账号</td><td colspan="8">1903019551012985321</td></tr>
<tr><td rowspan="2">借款金额</td><td rowspan="2">人民币
(大写)</td><td colspan="2" rowspan="2">壹拾贰万元整</td><td>亿</td><td>千</td><td>百</td><td>十</td><td>万</td><td>千</td><td>百</td><td>十</td><td>元</td><td>角</td><td>分</td></tr>
<tr><td></td><td></td><td>¥</td><td>1</td><td>2</td><td>0</td><td>0</td><td>0</td><td>0</td><td>0</td><td>0</td></tr>
<tr><td colspan="15">借款用途:购原材料</td></tr>
<tr><td colspan="15">约定还款期:期限 3 个月　　于 2014 年 11 月 1 日到期</td></tr>
<tr><td colspan="4">上列借款已批准发放,转入你单位存款账户。
此致
单位
(银行盖章)</td><td colspan="11">单位分录:
(借)
(贷)
主管　　会计　　复核　　记账
2014 年 8 月 1 日</td></tr>
</table>

中国工商银行长坝支行

D6-2-2

中国工商银行短期借款合同(摘要)

立合同单位:

工商银行长沙市兴城支行(以下简称贷款方)

湘中宏源制造有限公司(以下简称借款方)

长沙新兴股份有限公司(以下简称保证方)

为明确责任,恪守合同,特签订本合同,共同信守。

一、贷款种类:工业企业短期贷款

二、借款金额:壹拾贰万元整

三、借款用途:购买材料

四、借款利率:6.28‰,到期一次还本付息。如遇国家调整利率,按调整后的规定利率计算。

五、借款期限:借款时间自2014年8月1日到2014年11月1日

六、还款资金来源:营业收入

七、还款方式:转账

八、保证条款:(略)

九、违约责任:(略)

合同的附件(略)

本合同经各方签字后生效,贷款本息全部清偿后自动失效。

本合同正本一式三份,贷款方、借款方、保证方各执一份;合同副本______份,报送________有关单位各留存一份。

贷款方(公章)　　法人代表　　(盖章)　　黄振华

借款方(公章)　　法人代表　　(盖章)　　李煜

保证方(公章)　　法人代表　　(盖章)　　杨福

借款方开户银行:工商银行长沙市兴城支行

账号:1903019551012985321

D6-3-1

长沙市证券公司
证券成交过户交割单

（买）

客户账号	B 03388776655	成交证券类别	公司股票
电脑编号	508761	成交证券名称	东方股份
客户名称	湘中宏源制造有限公司	成交数量	10 000(股)
申报编号	826058	成交价格	10.00
申报时间	2014 年 8 月 8 日	成交金额	100 000.00
成交时间	2014 年 8 月 8 日	佣金	200.00
		印花税	300.00
上次余额	0(手)	应付金额	100 500.00
本次成交	10 000(股)	附加费用	0.00
本次余额	10 000(股)	实付金额	100 500.00

经办单位　南方营业部(章)　　　　客户签章　湘中宏源制造有限公司(章)

备注：不准备长期持有。

D6-4-1

投资协议书（摘要）

甲方：湖南长沙市环宇机械厂

乙方：湘中宏源制造有限公司

经上述各方充分协商，就投资事宜，达成如下协议：

……

出资方式及占股比例

三、甲方以含税价 103 545.00 元的材料向乙方投资。

四、甲方投资后享有乙方注册资本 1 000 万元的 1%。

五、甲方必须在 2014 年 9 月 1 日前向乙方出资。

六、本协议自双方签字之日起生效。一式二份，各方各执一份，以便共同遵守。若一方违约，按有关条款处理。

甲方：长沙市环宇机械厂　　　　乙方：湘中宏源制造有限公司

甲方代表人：陈锋　　　　乙方代表人：黄振华

签订日期：2014 年 [illegible] 月 15 日

D6-4-2

湖南省增值税专用发票

43000215896　　　　发票联　　　　№ 00613189

开票日期:2014 年 8 月 15 日

购货单位	名　　称:湘中宏源制造有限公司 纳税人识别号:430302789022218 地 址 、电 话:长沙市八一路 148 号 开户行及账号:工行长沙市兴城支行 1903019551012985321	密码区	3489－1<9－7－61596214 8<032/52>9/29533－4971 1626<8－3024>80906－2 －48－6<7>2*－/>*>5	加密版本 01 43000215896 00613189

货物或应税劳务名称	规格型号	单位	数量	单价	金　额	税率	税　额
铸造生铁		吨	10	3 700	37 000.00	17%	6 290.00
大齿轮	ZD70	件	10	5 150	51 500.00	17%	8 755.00
合计					￥88 500.00		￥15 045.00
价税合计(大写)	壹拾万零叁仟伍佰肆拾伍元整						(小写)￥103 545.00

销货单位	名　　称:湖南长沙市环宇机械厂 纳税人识别号:430107890222218 地 址 、电 话:长沙市八一路 132 号 开户行及账号:工行八一路支行 1903010109601099805	备注	湖南长沙市环宇机械厂 430107890222218 发票专用章

收款人:　　　复核:　　　开票人:　　　销货单位(章)

第二联　发票联　购货方记账凭证

D6-4-3

收　料　单

材料科目:　　　　　　　　　　编　　号:141

材料类别:　　　　　　　　　　收料仓库:1 号仓库

供应单位:长沙市环宇机械厂　　2014 年 8 月 15 日　　发票号码:00613189

材料编号	材料名称	规格	计量单位	数量		实际价格			
				应收	实收	单价	发票金额	运费	合计
	铸造生铁		吨	10	10	3 700	37 000.00		37 000.00
	大齿轮	ZD70	件	10	10	5 150	51 500.00		51 500.00
备注									

采购员:　　　检验员:　　　记账员:　　　保管员:

D6-5-1

长沙市证券公司
证券成交过户交割单

（卖）

客户账号	B 03388776655	成交证券类别	公司股票
电脑编号	508761	成交证券名称	金达股份
客户名称	湘中宏源制造有限公司	成交数量	60 000(股)
申报编号	826058	成交价格	6.00
申报时间	2014 年 8 月 18 日	成交金额	360 000.00
成交时间	2014 年 8 月 18 日	佣金	720.00
		印花税	1 080.00
上次余额	60 000(股)	应收金额	358 200.00
本次成交	60 000(股)	附加费用	0.00
本次余额	0(股)	实收金额	358 200.00

经办单位 业务专用章（章） 客户签章 湘中宏源制造有限公司（章）

D6-6-1

投资协议书（摘要）

甲方：湘中宏源制造有限公司

乙方：华联实业有限责任公司

甲乙双方经友好协商，就投资事宜，达成如下协议：

……

三、出资方式及占股比例

1. 甲方以货币资金 100 万元向乙方投资，获得乙方 30% 的股份，对乙方的财务和经营政策具有重大影响。

2. 合同签订日乙方所有者权益总额为 300 万元（与可辨认净资产公允价值金额一致）。

3. 甲方必须在 2014 年 9 月 1 日前向乙方出资。

四、本协议自双方签字之日起生效。一式二份，各方各执一份，以便共同遵守。若一方违约，按有关条款处理。

甲方：湘中宏源制造有限公司

甲方代表：黄振华

乙方：华联实业有限责任公司

乙方代表：吴海军

签订日期：2014 年 8 月 19 日

D6-6-2

中国工商银行
转账支票存根

Ⅻ 02952086

附加信息

出票日期 2014 年 8 月 19 日

收款人:华联实业有限责任公司
金　额:¥1 000 000.00
用　途:投资款
备　注:

单位主管　　　会计

D6-7-1

中国工商银行计收利息清单(支取通知)

2014 年 8 月 20 日

户名	湘中宏源制造有限公司		账号	1903019551012985321	
计息起止时间		2014 年 1 月 20 日至 2014 年 8 月 20 日			左列贷款利息已从你单位账户扣付
贷款种类	贷款账号	计息贷款金额	月利率	计收利息金额	
	1901245789636458796	100 000	6.23‰	4 361.00	银行签章
					转账日期
					2014 年 8 月 20 日

利息金额 人民币(大写)	十	万	千	百	十	万	千	百	十	元	角	分
肆仟叁佰陆拾壹元整						¥	4	3	6	1	0	0

中国工商银行兴城支行 2014.8.20 业务章

单位主管　　　会计　　　复核　　　记账

提示:2014 年 1 月 20 日~7 月 20 日已预提利息 3 738 元。

D6-8-1

中国工商银行贷款还款凭证

贷款种类:短期借款　　　2014 年 8 月 20 日　　　第 014 号

<table>
<tr><td rowspan="3">还款单位</td><td>名　称</td><td colspan="13">湘中宏源制造有限公司</td></tr>
<tr><td>付款账号</td><td>1903019551012985321</td><td>贷款账号</td><td colspan="11">1901245789636458796</td></tr>
<tr><td>开户银行</td><td>工行长沙市兴城支行</td><td>开户银行</td><td colspan="11"></td></tr>
<tr><td colspan="2">本次偿还金额</td><td colspan="2">人民币(大写)壹拾万元整</td><td>亿</td><td>千</td><td>百</td><td>十</td><td>万</td><td>千</td><td>百</td><td>十</td><td>元</td><td>角</td><td>分</td></tr>
<tr><td colspan="3">摘要:</td><td>累计还款</td><td></td><td></td><td>¥</td><td>1</td><td>0</td><td>0</td><td>0</td><td>0</td><td>0</td><td>0</td><td>0</td></tr>
<tr><td colspan="3">上述借款额请从本单位______存款户中支付
湘中宏源制造有限公司 财务专用章
(还款单位盖章)
2014 年 8 月 20 日</td><td colspan="12">中国工商银行兴城支行 2014.8.20 业务章
(银行部门盖章)
2014 年 8 月 20 日</td></tr>
</table>

D6-9-1

长沙市证券公司
证券成交过户交割单　　（买）

客户账号	B 03388776655	成交证券类别	公司股票
电脑编号	508778	成交证券名称	通达股份
客户名称	湘中宏源制造有限公司	成交数量	20 000(股)
申报编号	846145	成交价格	9.00
申报时间	2014 年 8 月 28 日	成交金额	180 000.00
成交时间	2014 年 8 月 28 日	佣金	360.00
		印花税	540.00
上次余额	0(股)	应付金额	180 900.00
本次成交	20 000(股)	附加费用	0.00
本次余额	20 000(股)	实付金额	180 900.00

经办单位　南方营业部（章）　　客户签章　湘中宏源制造有限公司（章）

（长沙市证券公司南方营业部 业务专用章）（湘中宏源制造有限公司）

提示:不准备长期持有。

D6-10-1

应付利息计算表

年　月　日

贷款银行	借款种类	本　金	月利率	利息额

审核：　　　　　　　　　　　　　　　　　　　　制单：

D6-11-1

湘中宏源制造有限公司临时股东会决议

一、会议召开和出席情况

……

二、审议通过了以资本公积转增资本议案。

为增强公司资本实力，公司决定用资本公积——资本溢价 100 万元按原股东投资比例转增资本，其中：长沙通达有限公司 60%，湘江钢铁股份有限公司 28%，长沙市环宇机械厂 2%，黄振华 10%。

股东(授权代表)签章(略)

2014 年 8 月 30 日

D6-12-1

中国建设银行长期借款合同（摘要）

立合同单位：

借款单位（简称甲方）湘中宏源制造有限公司

贷款单位（简称乙方）建设银行长沙市金星支行

甲方为进行建设和发展的需要，依据国家开发银行下达的第一批贷款指标，特向乙方申请借款，经乙方审查同意发放。为明确双方责任，恪守信用，特签订本合同，共同遵守。

一、甲方向乙方借款人民币（大写）壹佰万元，规定用于新厂房的基本建设。

二、借款期限约定为叁年零个月。即从2011 年8 月31 日到2014 年8 月31 日止。乙方保证按设计计划和信贷计划，在下达的贷款指标额度内贷出资金。甲方保证按规定的借款用途用款。

三、贷款利息自支用贷款之日起，以实际贷款数按月息 6.2‰计算，按半年结息。

四、甲方保证按还款计划归还贷款本金。甲方如不能按期偿还，乙方有权从甲方的存款户中扣收。

五、违约责任：（略）

合同的附件：借款申请书、担保协议书。

本合同经各方签字后生效，贷款本息全部清偿后自动失效。

本合同正本一式三份，甲方、乙方、保证方各执一份；合同副本______份，报送__________有关单位各留存一份。

贷款方　　（公章）　　　　法人代表　　　　（盖章）　陈洪

借款方　　（公章）　　　　法人代表　　　　（盖章）　黄振华

保证方　　（公章）　　　　法人代表　　　　（盖章）　杨恒

D6-12-2

建设银行借款借据(收账通知)

借款企业名称:湘中宏源制造有限公司　　2014 年 8 月 31 日

贷款种类	长期借款	贷款账号	2914587921032566681	存款账号	1903019551012985321									
借款金额	人民币(大写)	壹佰万元整		亿	千	百	十	万	千	百	十	元	角	分
					¥	1	0	0	0	0	0	0	0	0
借款用途:新建厂房														
约定还款期:期限 3 年　于 2017 年 8 月 31 日到期														
上列借款已批准发放,转入你单位存款账户。 此致 单位 (银行盖章)				单位分录: (借) (贷) 主管　会计　复核　记账 2014 年 8 月 31 日										

(印章:中国建设银行金星支行)

D6-13-1

各交易性金融资产期末计量表

2014 年 8 月 31 日

单位:元

交易性金融资产名称	期末市价	期末账面价值	差　额
东方股份	12×10 000=120 000		
通达股份	8.5×20 000=170 000		

【实训要求】

1. 根据资料(一)开设交易性金融资产、短期借款总账、明细账,并登记期初余额。
2. 根据资料(二)填制和审核原始凭证,并编制记账凭证。
3. 根据记账凭证及所附原始凭证登记有关明细账、总账,并结账。

【实训用具】

记账凭证 20 张,三栏式明细账若干张,三栏式总账若干张。

【实训时间】

4 课时。

项目七　财务成果岗位

项目目的

通过实训，使学生准确掌握确认商品销售收入的时间，掌握营业收入、营业成本、管理费用、销售费用、财务费用的核算。掌握应交所得税和所得税费用的计算方法和账务处理；掌握利润的形成和结转；掌握利润分配程序及账务处理。

项目资料

（一）湘中宏源制造有限公司本月"应交税费——应交增值税（进项税额）"发生额为256 700元；产品销售成本采用月末一次加权平均法计算；损益类账户按月结转；所得税实行按季预缴、年终清算方式，所得税纳税调整事项均在12月份进行，1～11月累计已预缴所得税726 815元，所得税税率为25%。

（二）库存商品明细账期初余额如表7-1所示。

表7-1　　库存商品明细账期初余额

品　名	数　量	单　位	单位成本	金　额
球磨机	50	台	112 000.00	5 600 000.00
和泥机	70	台	22 000.00	1 540 000.00

（三）本月完工产品情况如表7-2所示。

表7-2　　本月完工产品

品名	数　量	单　位	单位成本	金　额
球磨机	15	台	111 500.00	1 672 500.00
和泥机	20	台	21 000.00	420 000.00

（四）2014年1～11月累计实现利润总额2 505 041.66元。

（五）2014年12月份发生下列有关收入、费用和利润的经济业务。

D7-1-1

中国工商银行
转账支票存根

Ⅻ 02952093

附加信息

出票日期 2014 年 12 月 2 日

收款人：长沙市宏宇广告公司
金 额：￥15 000.00
用 途：支付广告费
备 注：

单位主管　　会计

D7-1-2

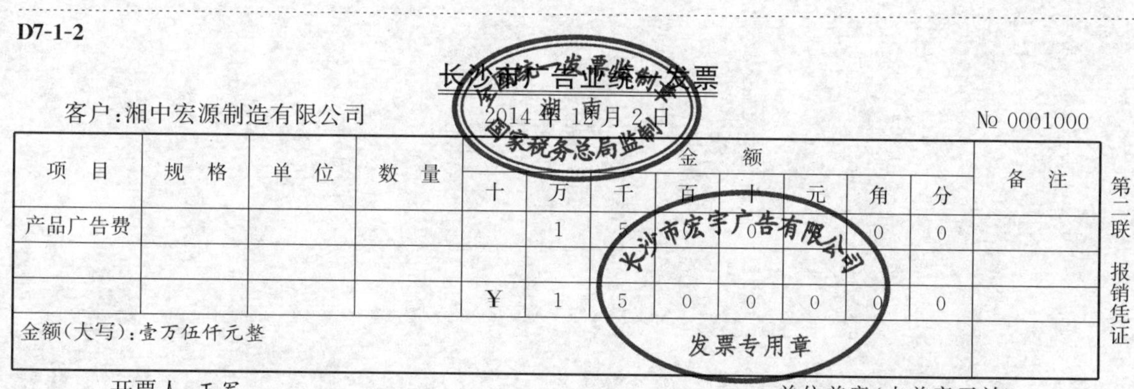

长沙市广告业统一发票

客户：湘中宏源制造有限公司　　2014 年 12 月 2 日　　№ 0001000

项 目	规 格	单 位	数 量	金额 十	万	千	百	十	元	角	分	备 注
产品广告费					1	5	[illegible]	0	[illegible]	0	0	
				￥	1	5	0	0	0	0	0	
金额(大写)：壹万伍仟元整												

第二联 报销凭证

开票人：王军　　单位盖章(未盖章无效)

长沙市宏宇广告有限公司 发票专用章

D7-2-1

中国工商银行进账单(收账通知)　　3

2014 年 12 月 5 日　　第　号

收款人	全 称	湘中宏源制造有限公司	付款人	全 称	湖北水泥制造有限公司
	账 号	1903019551012985321		账 号	1902345762112371234
	开户银行	工行长沙市兴城支行		开户银行	工行汉阳营业部

人民币(大写)	陆拾叁万壹仟捌佰元整	百	十	万	千	百	十	元	角	分
		￥	6	3	1	8	0	0	0	0

票据种类	银行汇票	票据张数	1
票据号码			

单位主管　　会计　　复核　　记账

中国工商银行兴城支行 2014.12.5 业务章

收款人开户行盖章
2014 年 12 月 5 日

此联是银行交收款人的收账通知

D7-2-2

湖南省增值税专用发票

43000452167　　　　此联不作报销、扣税凭证使用　　　　№ 00069885

开票日期：2014 年 12 月 5 日

购货单位	名　　称：湖北水泥制造有限公司 纳税人识别号：42105307213058 地 址 、电 话：武汉市汉阳路 125 号 开户行及账号：工行汉阳营业部 1902345762112371234	密码区	2487－2＜9－7－61594584 8＜032/52＞9/29533－4974 1626＜8－3024＞82906－2 －41－6＜7＞2*－/＞*＞1	加密版本 01 43000452167 00069885

货物或应税劳务名称	计量单位	数量	单　价	金　额	税率	税　额
球磨机	台	3	160 000	480 000.00	17%	81 600.00
和泥机	台	2	30 000	60 000.00	17%	10 200.00
合　计				￥540 000.00		￥91 800.00
价税合计(大写)	陆拾叁万壹仟捌佰元整			(小写)￥631 800.00		

销货单位	名　　称：湘中宏源制造有限公司 纳税人识别号：430302789022218 地 址 、电 话：长沙市八一路 148 号 开户行及账号：工行长沙市兴城支行 1903019551012985321	备注	湘中宏源制造有限公司 430302789022218 发票专用章

第三联：记账联　销货方记账凭证

收款人：　　　　复核：　　　　开票人：胡红　　　　销货单位(章)

D7-2-3

产成品出库单

领用单位：销售科　　　　2014 年 12 月 5 日　　　　№ 0082

产品名称	型号规格	单位	出库数量	单价	金额	备注
球磨机		台	3			
和泥机		台	2			

记账：　　　　保管：　　　　检验：　　　　制单：刘军

D7-3-1

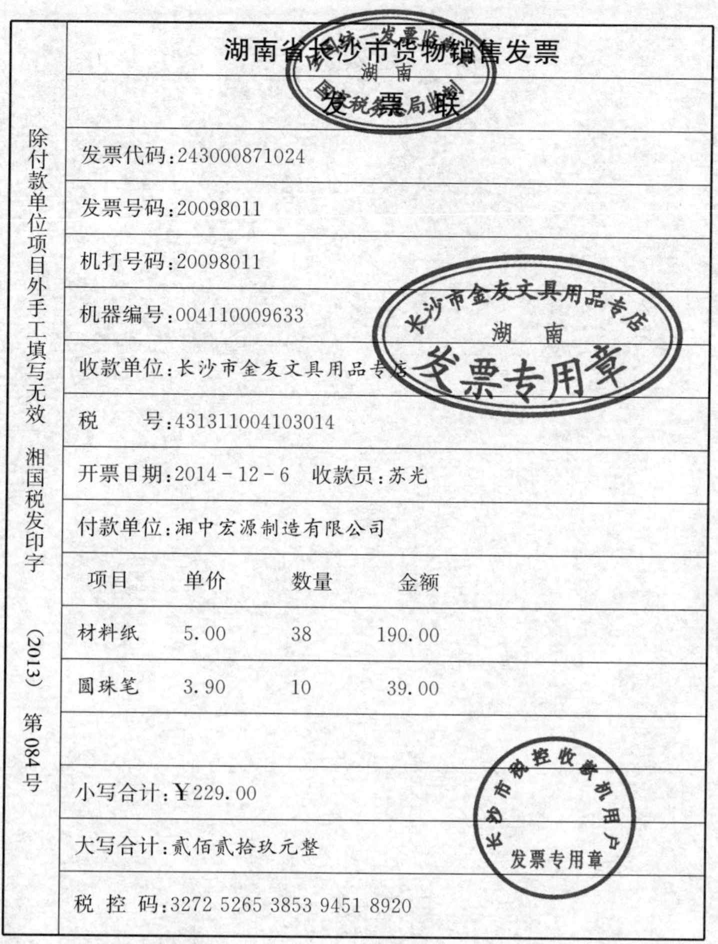

湖南省长沙市货物销售发票

发 票 联

除付款单位项目外手工填写无效　湘国税发印字（2013）第084号

发票代码：243000871024

发票号码：20098011

机打号码：20098011

机器编号：004110009633

收款单位：长沙市金友文具用品专店

税　　号：431311004103014

开票日期：2014－12－6　收款员：苏光

付款单位：湘中宏源制造有限公司

项目	单价	数量	金额
材料纸	5.00	38	190.00
圆珠笔	3.90	10	39.00

小写合计：￥229.00

大写合计：贰佰贰拾玖元整

税 控 码：3272 5265 3853 9451 8920

D7-3-2

湘中宏源制造有限公司内部付款凭单

2014年12月6日　　　　编号：______

领 款 人	张 军
付款用途	购买行政管理部门用办公用品
金　　额	人民币（大写）：贰佰贰拾玖元整　　现金付讫
备　　注	

财务负责人：李静　　　　出纳：王琳　　　　领款人签名：张军

D7-4-1

中国工商银行
转账支票存根
Ⅻ 02952094

附加信息

出票日期 2014年12月7日

收款人:长沙市宏星大酒店
金 额:¥1 883.40
用 途:支付餐费
备 注:

单位主管 会计

D7-4-2

湖南省长沙市服务业统一税控发票
发 票 联

除付款单位项目外手工填写无效 湘国税发印字(2013)第87号

发票代码:243000871210
发票号码:12097991
机打号码:20097991
机器编号:004110001411
收款单位:长沙市宏星大酒店
税 号:431311004103014
开票日期:2014-12-7 收款员:李煜
付款单位:湘中宏源制造有限公司

项目	单价	数量	金额
餐饮	1 883.40	1	1 883.40

小写合计:¥1 883.40
大写合计:壹仟捌佰捌拾叁元肆角整
税 控 码:1067 8457 3113 1102 7894

(印章:长沙市宏星大酒店 湖南 发票专用章;长沙市税控收款机用户 发票专用章)

D7-5-1

借　据

部门或姓名________________　　2014年12月7日　　第　　号

<table>
<tr><td colspan="4">今　借　到
人民币(大写)　壹仟元整　　　　　　　　此　据
¥1 000.00
现金付讫</td></tr>
<tr><td colspan="4">借款用途说明:去郑州开会</td></tr>
<tr><td>主管人　同意
批　准　黄振华</td><td>财务负责人　同意
意　　见　李静</td><td>部门负责人　同意
意　　见　张建山</td><td>借款人　周建
签　章</td></tr>
</table>

会计:张洁　　　　复核:张洁　　　　出纳:王琳

D7-6-1

中国工商银行
转账支票存根
Ⅻ　02952095

附加信息________________

出票日期　2014年12月8日

收款人:长沙市华龙汽车修理厂
金　额:¥936.00
用　途:支付轿车修理费
备　注:

单位主管　　　会计

D7-6-2

湖南增值税普通发票

4310045445 　　　　　　　　No 00025857 　43100452445 　00025857

开票日期：2014 年 12 月 8 日

购货单位	名　　称：湘中宏源制造有限公司 纳税人识别号：430302789022218 地 址 、电 话：长沙市八一路 148 号 开户行及账号：工行长沙市兴城支行 19030195510129853321	密码区	97－69＊8＜2/5＞9/291－ 4974－1626＜8－3024 ＞8090－2＊4498＊/916 4789＜8＞365/45＊//12

货物或应税劳务名称	规格型号	单位	数量	单价	金额	税率	税额
修理费					800.00	17%	136.00
					¥800.00		¥136.00
价税合计（大写）	玖佰叁拾陆元整					（小写）	¥936.00

销货单位	名　　称：长沙市华龙汽车修理厂 纳税人识别号：430228906351120 地 址 ：电 话：劳动路 16 号 开户行及账号：工行劳动西路办事处 19021008003031050001	备注	长沙市华龙汽车修理厂 430228906351120 发票专用章

收款人： 　　复核： 　　开票人：金沅 　　销货单位（章）

第二联：发票联 购货方记账凭证

D7-7-1

中国工商银行
转账支票存根

Ⅻ 02952096

附加信息

出票日期 2014 年 12 月 12 日

收款人：长沙市青圃路邮电支局
金　额：¥2 043.00
用　途：报刊订阅费
备　注：2012 年上半年

单位主管： 　　会计：

D7-7-2

湖南省邮电管理局报刊费收据

No. 006437

户名：湘中宏源制造有限公司　　(自费/公费订阅)

地址：长沙市八一路 148 号

报刊代号—名称	起止订期	订阅份数	单价	共计款额
报纸五种	2015/1—2015/6	11		￥2 043.00
备　注				
订户注意	1. 请核对填写的内容是否正确。 2. 本收据款额如有涂改或未加盖日期戳和收费人员签章无效。 3. 如有查询等事项请交验收据。		青圆路邮电支局 报刊费收据专用章 2014.12.12 收费人员：刘云	

D7-7-3

报刊订阅清单

订阅单位：湘中宏源制造有限公司

地　　址：长沙市八一路 148 号

订阅单位经手人：胡小明　　电话：6256789　　2014 年 12 月 12 日

分号	代号	报刊名称	起止订期	份数	月(季)价	合计金额	备注
1	1 - 1	人民日报	2015/1—2015/6	1		133.20	
2	1 - 30	国际商报	2015/1—2015/6	1		144.00	
3	3 - 1	解放日报	2015/1—2015/6	1		216.00	
4	3 - 3	文汇报	2015/1—2015/6	7		1 512.00	
5	3 - 31	组织人事报	2015/1—2015/6	1		37.80	
6							

共计(本页合计)5 种 11 份　　　金额￥2 043.00 元

附注：1. 报纸、杂志分单填写各一式二份。

2. 本单不作收款凭证，收款以报刊费收据为凭。

刘民

邮政局复核

2014 年 12 月 12 日

D7-8-1

差旅费报销单

单位名称：　　　　　　　　填报日期　2014年12月13日　　　　　　　　单位:元

姓名		周建	职级	业务科科长		出差事由	开会	出差时间		计划期5天 实际5天	备注
日期		起止地点		飞机、车、船票		其他费用					
月	日	起	止	类别	金额	项目		标准	计算天数	核报金额	
12	7	长沙	郑州	火车	150.00	住宿费	包干报销	120	4	480.00	
12	11	郑州	长沙	火车	150.00	住宿费	限额报销				
						伙食补助费		25	5	125.00	
						车、船补助费					
						其他杂支				15.00	
小计					300.00	小计				620.00	
总计金额（大写）		玖佰贰拾元整				预支 1 000.00　核销 920.00　退 80.00					

主管：黄振华　　　　部门：　　　　审核：李静　　　　填报人：周建

D7-8-2

收　据

2014年12月13日　　　　　　　　第2号

今收到：周建退回差旅费余款										
人民币（大写）：捌拾元整	十	万	千	百	十	元	角	分		
				¥	8	0	0	0		
事由：周建退回差旅费余款	现金 √									
现金收讫	支票　号									
收款单位		财务负责人	李静	收款人	王琳					

第三联　记账联

D7-9-1

中国工商银行
转账支票存根
Ⅻ 02952097

附加信息

出票日期　2014 年 12 月 13 日

收款人：湖南商品交易会办公室
金　额：￥3 000.00
用　途：交易会摊位费
备　注：

单位主管　　会计

D7-9-2

湖南商品交易会办公室专用发票

发票联

NO. 009845

付款单位：湘中宏源制造有限公司　　2014年12月13日

项目	单位	数量	单价	金额							
				十	万	千	百	十	元	角	分
商品交易摊位费						3	0	0	0	0	0
合计人民币（大写）	叁仟元整				￥	3	0	0	0	0	0

本发票加盖公章方有效

单位盖章　　经手：杨沙沙

D7-10-1

中国工商银行进账单(收账通知)　3

年　月　日　　　　　　　　第　号

<table>
<tr><td rowspan="3">收款人</td><td>全　称</td><td></td><td rowspan="3">付款人</td><td>全　称</td><td colspan="9"></td></tr>
<tr><td>账　号</td><td></td><td>账　号</td><td colspan="9"></td></tr>
<tr><td>开户银行</td><td></td><td>开户银行</td><td colspan="9"></td></tr>
<tr><td colspan="2" rowspan="2">人民币(大写)</td><td colspan="3" rowspan="2"></td><td>百</td><td>十</td><td>万</td><td>千</td><td>百</td><td>十</td><td>元</td><td>角</td><td>分</td></tr>
<tr><td></td><td></td><td></td><td></td><td></td><td></td><td></td><td></td><td></td></tr>
<tr><td colspan="2">票据种类</td><td></td><td>票据张数</td><td></td><td colspan="9" rowspan="3">收款人开户行盖章
年　月　日</td></tr>
<tr><td colspan="2">票据号码</td><td colspan="3"></td></tr>
<tr><td colspan="5">单位主管　会计　复核　记账</td></tr>
</table>

此联是银行交收款人的收账通知

（印章：中国工商银行兴城支行 2014.12.15 业务章）

提示:填制进账单。

D7-10-2

中国工商银行
银行汇票(收款通知)　2

ⅢⅪ 00448978　　第　号

付款期限
壹个月

<table>
<tr><td>出票日期(大写)</td><td colspan="3">贰零壹肆 年 壹拾贰 月 壹拾伍 日</td><td colspan="10">代理付款行:工行株洲市奔龙支行
行号:410</td></tr>
<tr><td colspan="4">收款人:湘中宏源制造有限公司</td><td colspan="10">账号:1903019551012985321</td></tr>
<tr><td>出票金额</td><td>人民币(大写)</td><td colspan="12">贰拾陆万元整</td></tr>
<tr><td rowspan="2">实际结算金额</td><td rowspan="2">人民币(大写)</td><td colspan="2" rowspan="2">贰拾伍万柒仟肆佰元整</td><td>千</td><td>百</td><td>十</td><td>万</td><td>千</td><td>百</td><td>十</td><td>元</td><td>角</td><td>分</td></tr>
<tr><td></td><td>¥</td><td>2</td><td>5</td><td>7</td><td>4</td><td>0</td><td>0</td><td>0</td><td>0</td></tr>
</table>

此联出票行交收款行作收款凭证

申请人:株洲水泥制造有限公司　　账号或住址:1904367788959743731

出票行:工行奔龙支行

行　号:

备　注:货款及运费

出票行签章

<table>
<tr><td colspan="10">多余金额</td><td rowspan="3">左列退回多余金额已收入你账户内。
2014 年 12 月 15 日
财务主管　复核　经办</td></tr>
<tr><td>千</td><td>百</td><td>十</td><td>万</td><td>千</td><td>百</td><td>十</td><td>元</td><td>角</td><td>分</td></tr>
<tr><td></td><td></td><td>¥</td><td>2</td><td>6</td><td>0</td><td>0</td><td>0</td><td>0</td><td>0</td></tr>
</table>

（印章：中国工商银行兴城支行 2014.12.15 业务章）

D7-10-3

中国工商银行

Ⅲ Ⅺ00448978

银行汇票（解讫通知）　**3**　　第　　号

此联代理付款行兑付后随报单寄出票行，由出票行作多余款贷方凭证

出票日期（大写）　贰零壹肆 年 壹拾贰 月 壹拾伍 日

代理付款行：工行株洲市奔龙支行

行号：410

收款人：湘中宏源制造有限公司		账号：1903019551012985321
出票金额　人民币（大写）	贰拾陆万元整	
实际结算金额　人民币（大写）	贰拾伍万柒仟肆佰元整	千 百 十 万 千 百 十 元 角 分 ¥ 2 5 7 4 0 0 0 0

申请人：株洲水泥制造厂　账号或住址：1904367788959743731

出票行：工行奔龙支行

行　号：

备　注：货款及运费

凭票付款

出票行签章

多余金额										科目（借） 对方科目（贷） 兑付日期：2014 年 12 月 15 日
千	百	十	万	千	百	十	元	角	分	
		¥	2	6	0	0	0	0	0	复核　　记账

D7-10-4

43000452168

湖南省增值税专用发票

№ 00069886

此联不作报销、扣税凭证使用　开票日期：2014 年 12 月 15 日

第三联：记账联　销货方记账凭证

购货单位	名　　称：株洲水泥制造有限公司 纳税人识别号：431103748241898 地 址 、电 话：株洲市汉阳路 15 号 开户行及账号：工行株洲市奔龙支行 1904367788959743731		密码区	87-2<9-7-94584 8<032/52>9/29533-4974 1626<8-3024>82906-2	加密版本 01 43000452168 00069886	
货物或应税劳务名称	单位	数量	单　价	金　额	税率	税　额
球磨机	台	1	160 000	160 000.00	17%	27 200.00
和泥机	台	2	30 000	60 000.00	17%	10 200.00
合　计				¥220 000.00		¥37 400.00
价税合计（大写）	贰拾伍万柒仟肆佰元整			（小写）¥257 400.00		
销货单位	名　　称：湘中宏源制造有限公司 纳税人识别号：430302789022218 地 址 、电 话：长沙市八一路 148 号 开户行及账号：工行长沙市兴城支行 1903019551012985321		备注	湘中宏源制造有限公司 430302789022218 发票专用章		

收款人：　　复核：　　开票人：胡红　　销货单位（章）

D7-10-5

产成品出库单

2014 年 12 月 15 日

领用单位:销售科　　　　　　　　　　　　№ 0083

产品名称	型号规格	单位	出库数量	单价	金额	备注
球磨机		台	1			
和泥机		台	2			

记账:　　　保管:　　　检验:　　　制单:刘军

D7-11-1

委收号码:

委邮

委托收款凭证(付款通知)　5

委托日期:2014 年 12 月 14 日　　付款日期 2014 年 12 月 15 日

付款人	全称	湘中宏源制造有限公司	收款人	全称	长沙市电信公司
	账号或地址	1903019551012985321		账号或地址	1903201710403565231
	开户银行	工行长沙市兴城支行		开户银行	工行远大支行　行号 26568
委收金额	人民币(大写)	贰仟玖佰零肆元整		千百十万千百十元角分	￥ 2 9 0 4 0 0
款项内容	12 月份电话费	委托收款凭据名称	电信业务专业发票	附寄单证张数	1
备注:		付款人注意:1. 应于见票当日通知开户银行划款。2. 如需拒付,应在规定期限内,将拒付理由书并附债务证明退交开户银行。			

中国工商银行兴城支行 2014.12.15 业务章

此联是付款人开户银行给付款人按期付款的通知

单位主管　会计　复核　记账　付款人开户银行盖章　年　月　日

D7-11-2

湖南省电信有限公司长沙市分公司电信业专业发票

发票联

发票代码 012459632145

发票号码 23564478

全国统一发票监制章 湖南省地方税务局监制

序号:201477895789　　　　日期:20[illegible]月 14 日

号码:0731-88701245				业务种类:	
用户名称:湘中宏源制造有限公司					备注:
项目	金额	项目	金额		
月租费	400.00				
市话费	508.80				
长话费	1 845.20				
其他费	150.00				
大写金额	贰仟玖佰零肆元整		小写金额	¥2 904.00	
说明	1. 本发票仅限于中国电信各类电信业务。 2. 本发票手工填制无效。 3. 本发票使用到2014年底,过期作废。				

D7-12-1

中国工商银行进账单(收账通知)　3

2014 年 12 月 16 日　　　　第 002 号

收款人	全　称	湘中宏源制造有限公司			付款人	全　称	长沙九龙有限公司							
	账　号	1903019551012985321				账　号	1901002710401242332							
	开户银行	工行长沙市兴城支行				开户银行	建行新中路支行							
人民币(大写)		伍仟零捌拾玖元伍角整					百	十	万	千	百	十	元	角	分
									¥	5	0	8	9	5	0
票据种类		转账支票	票据张数	1	收款人开户行盖章 2014 年 12 月 16 日										
票据号码															
单位主管　会计　复核　记账															

中国工商银行兴城支行 2014.12.16 业务章

此联是银行交收款人的收账通知

D7-12-2

43000452169　　**湖南省增值税专用发票**　　№ 00069887

此联不作报销、扣税凭证使用　　开票日期：2014 年 12 月 16 日

购货单位	名　　称：长沙九龙有限公司 纳税人识别号：431228906352889 地 址 、电 话：长沙市天心区新中路 6 号 开户行及账号：建行新中路支行 1901002710401242332			密码区	1141-1<4-7-6159 7<032/52>9/29533-4974 1626<-40-6<7>2*-/	加密版本 01 43000452169 00069887
货物或应税劳务名称	计量单位	数量	单价	金额	税率	税额
铸造生铁	吨	1	4 350.00	4 350.00	17%	739.50
合　计				¥4 350.00		¥739.50
价税合计(大写)	伍仟零捌拾玖元伍角整			（小写）¥5 089.50		
销货单位	名　　称：湘中宏源制造有限公司 纳税人识别号：430302789022218 地 址 、电 话：长沙市八一路 148 号 开户行及账号：工行长沙市兴城支行 1903019551012985321			备注	湘中宏源制造有限公司 430302789022218 发票专用章	

收款人：　　复核：　　开票人：胡红　　销货单位(章)

第三联：记账联　销货方记账凭证

D7-12-3

材料出库单

2014 年 12 月 16 日

领用单位：销售科　　№ 004

产品名称	型号规格	单位	出库数量	单价	金额	备注
铸造生铁		吨	1	3 550.00	3 550.00	

记账：　　保管：　　检验：　　制单：

D7-13-1

长沙市服务业统一发票

客户：湘中宏源制造有限公司　　2014年12月18日　　发票代码：232459632123

发票号码：0123564

项　目	规　格	单　位	数　量	金　额								备　注
				十	万	千	佰	十	元	角	分	
绿化费						1	8	8	0	0	0	
					¥		8	8	0	0	0	
金额(大写)：壹仟捌佰捌拾元整												

第二联：报销凭证

开票人：王红　　长沙市枫叶园林有限公司 发票专用章　　单位盖章(未盖章无效)

D7-13-2

中国工商银行
转账支票存根

Ⅻ 02952098

附加信息

出票日期　2014年12月18日

收款人：长沙市枫叶园林有限公司
金　额：¥1 880.00
用　途：绿化费
备　注：

单位主管　　　会计

D7-14-1

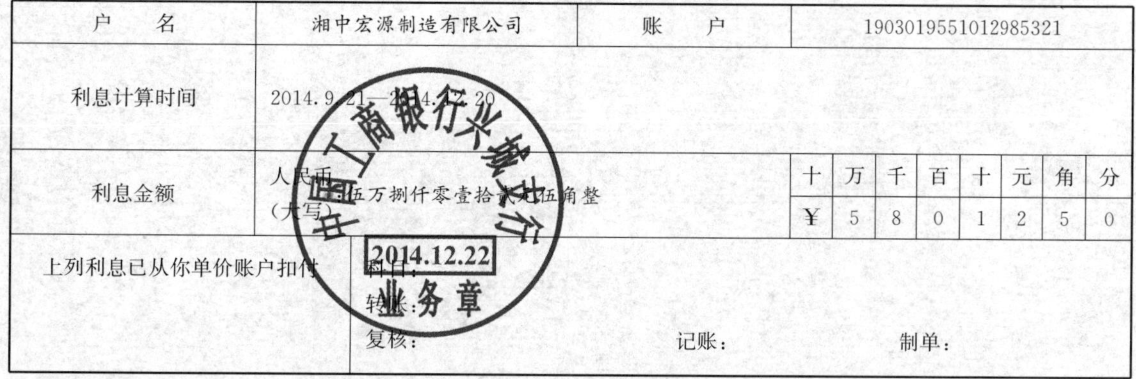

中国工商银行放款利息通知单(代付出传票)

2014 年 12 月 22 日　　　　　　No. 10254226

户　　名	湘中宏源制造有限公司	账　　户	1903019551012985321
利息计算时间	2014.9.21—2014.12.20		
利息金额	人民币(大写)伍万捌仟零壹拾贰元伍角整	十 万 千 百 十 元 角 分	¥ 5 8 0 1 2 5 0
上列利息已从你单价账户扣付	科目： 转账： 复核：　　记账：　　制单：		

中国工商银行兴城支行 2014.12.22 业务章

备注：该借款系用于生产经营资金周转的短期借款，上两个月已计提利息38 675元。

D7-15-1

提示：系销货退回。

43000452170　　**湖南省增值税专用发票**　　№ 00069888

此联不作报销、扣税凭证使用　　开票日期：2014 年 12 月 25 日

购货单位	名　　称：株洲水泥制造有限公司 纳税人识别号：431103748241898 地 址 、电 话：株洲市汉阳路 15 号 开户行及账号：工行株洲市奔龙支行 1904367788959743731	密码区	1481-2<1-7-615945 6<014/52>9/29545- 49701626<8-3024> 82906-2-40-6<7>2* —/>	加密版本 01 43000452170 00069888

货物或应税劳务名称	计量单位	数量	单价	金额	税率	税额
和泥机	台	1	30 000	—30 000.00	17%	—5 100.00
合　　计				¥—30 000.00		¥—5 100.00
价税合计(大写)	(负数)叁万伍仟壹佰元整					(小写)¥—35 100.00

销货单位	名　　称：湘中宏源制造有限公司 纳税人识别号：430302789022218 地 址 、电 话：长沙市八一路 148 号 开户行及账号：工行长沙市兴城支行 1903019551012985321	备注	湘中宏源制造有限公司 430302789022218 发票专用章

收款人：　　　　复核：　　　　开票人：胡红　　　　销货单位(章)

第三联：记账联　销货方记账凭证

D7-15-2

销货退回收货单

2014 年 12 月 25 日　　　　№ 00022

购货单位：		合同字号：		发票号：		
产品名称	型号规格	单位	应收数	实收数	单价	金额
和泥机		台	1	1		
合计	（大写）：					

D7-15-3

企业进货退出及索取折让证明单

№ 0002245

销货单位	全　　称	湘中宏源制造有限公司			
	税务登记号	430302789022218			
进货退出	货物名称	单价	数量	货款	税额
	和泥机	30 000.00	1	30 000.00	5 100.00
索取折让	货物名称	单价	数量	要　求	
				折让金额	折让税额
退货或索取折让理由	质量问题。 单位签章 2014 年 12 月 24 日		税务征收机关签章		
购货单位	全　　称	株洲水泥制造有限公司			
	税务登记号	431103748241898			

本证明单一式三联：第一联，征收机关留存；第二联，交销货单位；第三联，购货单位留存。

D7-15-4

工商银行信汇凭证(回单) 1

委托日期 2014 年 12 月 25 日

No. 00461253

汇款人	全称	湘中宏源制造有限公司	收款人	全称	株洲水泥制造有限公司
	账号	1903019551012985321		账号	1904367788959743731
	汇出地点	湖南省长沙市/县		汇入地点	湖南省株洲市/县
汇出行名称		工行长沙市兴城支行	汇入行名称		工行株洲市奔龙支行
金额	人民币(大写)	叁万伍仟壹佰元整		千百十万千百十元角分	¥35100000
				支付密码	
汇出行签章				附加信息及用途:	
				复核 记账	

(印章:中国工商银行兴城支行 2014.12.25 业务章)

此联是汇出行给汇款人的回单

D7-16-1

中国工商银行邮、电、手续费凭证(付出传票)

日期:2014 年 12 月 26 日

交款单位:长沙宏达股份有限公司				信汇笔数 电汇笔数
账号:1903010109024569896				异地托收笔数 (邮) (电)
邮费	电费	手续费	合计	
2.00	81.50	50.00	133.50	
合计金额	人民币(大写) 壹佰叁拾叁元伍角整			收款银行盖章 年 月 日

(印章:中国工商银行兴城支行 2014.12.26 业务章)

单位主管　　会计　　复核　　记账

D7-17-1

电子汇划付(收)款补充报告单

№ 01321461

币种：人民币　　　　　　流水号：000131

付款人			收款人		
付款人	全　称	合肥青山水泥制造公司	收款人	全　称	湘中宏源制造有限公司
	账　号	190500209619805145		账　号	1903019551012985321
	开户银行	工行青山支行		开户银行	工行长沙市兴城支行

人民币(大写)	千	百	十	万	千	百	十	元	角	分
伍拾壹万肆仟捌佰元整		¥	5	1	4	8	0	0	0	0

用途	货款
备注：	收款人开户行盖章（中国工商银行兴城支行 2014.12.28 业务章）

此联是收款人开户行交给收款人的收账通知

D7-17-2

43000452171

湖南省增值税专用发票

№ 00069889

此联不作报销、扣税凭证使用　　开票日期：2014 年 12 月 28 日

购货单位		密码区	
购货单位	名　　称：合肥青山水泥制造公司 纳税人识别号：45901270061940206 地 址 、电 话：市青山路 20 号 开户行及账号：工行青山支行 190500209619805145	密码区	6-4＊5-1<8-7-610/56>>8<032/52> 9/29533-4944 1621<8-3021>82906-2-4+1 加密版本 01 43000452171 00069889

货物或应税劳务名称	计量单位	数量	单　价	金　额	税率	税　额
球磨机	台	2	160 000	320 000.00	17%	54 400.00
和泥机	台	4	30 000	120 000.00	17%	20 400.00
合　计				¥440 000.00		¥74 800.00
价税合计(大写)	伍拾壹万肆仟捌佰元整					(小写)¥514 800.00

销货单位		备注	
销货单位	名　　称：湘中宏源制造有限公司 纳税人识别号：430302789022218 地 址 、电 话：长沙市八一路 148 号 开户行及账号：工行长沙市兴城支行 1903019551012985321	备注	湘中宏源制造有限公司 430302789022218 发票专用章

收款人：　　　复核：　　　开票人：胡红　　　销货单位(章)

第三联：记账联　销货方记账凭证

D7-17-3

产成品出库单

2014 年 12 月 28 日

领用单位：销售科　　　　№ 0084

产品名称	型号规格	单位	出库数量	单价	金额	备注
球磨机		台	2			
和泥机		台	4			

记账：　　保管：　　检验：　　制单：刘军

D7-18-1

中国工商银行进账单（收账通知）　3

2014 年 12 月 29 日　　　　第 002 号

收款人	全　称	湘中宏源制造有限公司	付款人	全　称	长沙光明公司营业部
	账　号	1903019551012985321		账　号	1903002710401242300
	开户银行	工行长沙市兴城支行		开户银行	工行新中路支行
人民币（大写）		贰万元整		百 十 万 千 百 十 元 角 分	￥ 2 0 0 0 0 0 0
票据种类	转账支票	票据张数	1		
票据号码				收款人开户行盖章 2014 年 12 月 29 日	
单位主管　会计　复核　记账					

中国工商银行兴城支行 2014.12.29 业务章

此联是银行交收款人的收账通知

D7-18-2

收　据

2014 年 12 月 29 日　　　　第 2 号

今收到：长沙光明公司营业部					
人民币（大写）：贰万元整				十 万 千 百 十 元 角 分	￥ 2 0 0 0 0 0 0
事由：2014 年 12 月份房屋租金				现金 支票 √　号	
收款单位	湘中宏源制造有限公司	财务负责人	李静	收款人	王琳

转账收讫

第三联　记账联

D7-19-1

43000452172 **湖南省增值税专用发票** № 00069890

此联不作报销、扣税凭证使用 开票日期:2014 年 12 月 29 日

购货单位	名　　称:涟源诚达水泥有限公司 纳税人识别号:431382538625015 地 址 、电 话:涟源市茅塘镇 开户行及账号:工行涟源城南分理处 1913101298532515029			密码区	124-1<611-610/56>>8 加密版本 01 <32/52>9/2533-4944 43000452172 162<8-3021>829-2 00069890		
货物或应税劳务名称		计量单位	数量	单　价	金　额	税率	税　额
球磨机		台	3	160 000	480 000.00	17%	81 600.00
和泥机		台	3	30 000	90 000.00	17%	15 300.00
合　计					￥570 000.00		￥96 900.00
价税合计(大写)	陆拾陆万陆仟玖佰元整						(小写)￥666 900.00
销货单位	名　　称:湘中宏源制造有限公司 纳税人识别号:430302789022218 地 址 、电 话:长沙市八一路 148 号 开户行及账号:工行长沙市兴城支行 1903019551012985321			备注	湘中宏源制造有限公司 430302789022218 发票专用章		

收款人: 复核: 开票人:胡红 销货单位(章)

第三联:记账联 销货方记账凭证

D7-19-2

商业承兑汇票　2　　Ⅳ 0002041

出票日期(大写)贰零壹肆年壹拾贰月贰拾玖日

付款人	全　　称	涟源诚达水泥有限公司	收款人	全　　称	湘中宏源制造有限公司
	账　　号	1913101298532515029		账　　号	1903019551012985321
	开户银行	工行涟源城南分理处		开户银行	工行长沙市兴城支行
出票金额	人民币(大写)	陆拾陆万陆仟玖佰元整		千百十万千百十元角分	￥ 6 6 6 9 0 0 0 0
汇票到期日		贰零壹伍年叁月贰拾玖日	交易合同号码		00258
本汇票已经本单位承兑,到期无条件支付票款。 涟源诚达水泥有限公司 财务专用章　张丽印敏 此致 收款人 付款人盖章 负责　经办　2014 年 12 月 29 日			汇票签发人盖章 湘中宏源制造有限公司 财务专用章 负责　经办		

此联收款人开户行随委托收款凭证寄付款人开户行作借方附件

D7-19-3

产成品出库单

2014 年 12 月 28 日

领用单位：销售科　　　　　　　　　　　　　　　　　　№ 0085

产品名称	型号规格	单位	出库数量	单价	金额	备注
球磨机		台	3			
和泥机		台	3			

记账：　　　　保管：　　　　检验：　　　　制单：刘军

D7-20-1

销售成本计算表

2014 年 12 月 31 日

产品名称	计量单位	销售数量	单位产品成本	销售成本
球磨机	台			
和泥机	台			
合　计				

提示：采用加权平均法计算产品销售成本。　　　　制表：陈湘平

写明计算过程。

D7-21-1

应交营业税计算表

2014 年 12 月 30 日

项目	计税依据		适用税率	应交金额	备注
	项目	金额			
营业税	出租房收入		5%		

制表：李静

D7-22-1

未交增值税结转表

2014 年 12 月 31 日

项目	栏次	金额
本期销项税额	1	
本期进项税额	2	
本期进项税额转出	3	0
本期实际抵扣税额	4＝2－3	
本期应纳税金额	5＝1－4	
期初未交纳增值税	6	0
本期已交纳增值税	7	0
本期未交增值税合计	8＝5＋6－7	

制表:李静

D7-23-1

应交城市维护建设税计算表

2014 年 12 月 31 日

项目	计税依据		适用税率 3	应交金额 4＝(1＋2)×3	备注
	增值税 1	营业税 2			
城市维护建设税			7%		
合　　计					

制表:李静

D7-23-2

应交教育费附加计算表

2014 年 12 月 31 日

项目	计税依据		适用税率 3	应交金额 4＝(1＋2)×3	备注
	增值税 1	营业税 2			
教育费附加			3%		
合　　计					

制表:李静

D7-23-3

应交地方教育费附加计算表

2014 年 12 月 31 日

项　目	计税依据		适用税率 3	应交金额 4=(1+2)×3	备注
	增值税 1	营业税 2			
地方教育费附加			2%		
合　计					

制表：李静

D7-24-1

12 月份损益类账户发生额汇总表

2014 年 12 月

项　目	借方金额	贷方金额
主营业务收入		
其他业务收入		
主营业务成本		
营业税金及附加		
其他业务成本		
管理费用		
销售费用		
财务费用		

D7-25-1

所得税纳税调整额计算表

调整项目	会计实际列支金额	税法允许列支金额	纳税调整金额	
			增加额	减少额
业务招待费				
存货跌价准备				
坏账准备				
合计				

提示：2014 年该公司在年终决算时，发现下列纳税调整事项：

1. 管理费用中列支业务招待费 104 250.00 元。全年营业收入为 12 528 000 元。
2. 计提存货跌价准备 80 000 元。
3. 计提坏账准备 15 870 元。

D7-25-2

应交所得税计算表

项 目	金 额
本年利润总额	
纳税调整金额	
全年应纳税所得额	
税率	25%
全年累计应纳所得税	
已纳所得税	
实际应纳所得税	

D7-25-3

递延所得税资产和递延所得税负债年初、年末余额如下表：

科目名称	年初余额	年末余额
递延所得税资产	400 000	500 000
递延所得税负债	200 000	250 000

D7-25-4

所得税费用计算表

所得税费用＝

D7-26-1

利润分配表

2014 年 12 月 31 日

项目	净利润	比例	金额
提取法定盈余公积		10%	
提取任意盈余公积		10%	
应付现金股利或利润		40%	
合计			

D7-27-1

全年净利润结转表

2014 年 12 月 31 日

应贷科目 / 应借科目	利润分配——未分配利润
本年利润	

制表:陈湘平

D7-27-2

已分配利润结转表

2014 年 12 月 31 日

应借科目 / 应贷科目	利润分配——未分配利润
利润分配——提取法定盈余公积	
利润分配——提取任意盈余公积	
利润分配——应付现金股利或利润	
合　计	

制表:陈湘平

【实训要求】

1. 根据经济业务内容完成相关原始凭证的填制和审核。
2. 根据原始凭证编制记账凭证。
3. 根据所编记账凭证和相关原始凭证登记“管理费用”明细账(多栏式)。
4. 登记本年利润、利润分配总账,并进行结账。

【实训用具】

记账凭证 40 张,多栏式明细账 2 张,三栏式总账若干张。

【实训时间】

8 课时。

项目八　总账报表岗位

项目目的

通过实训，使学生掌握资产负债表、利润表和现金流量表的编制方法。

项目资料

湘中宏源制造有限公司为一般纳税人，增值税率为17%；原材料采用实际成本核算；采用应收账款余额百分比法计提坏账准备，计提比例为10%。所得税采用资产负债表债务法核算，所得税率为25%。“坏账准备”账户余额全部是按应收账款余额提取的；根据“长期借款”账户记载，将于一年内到期的借款有72 000元。

(一)20×1年12月31日科目余额如表8-1(科目余额表)所示。

表 8-1

科目余额表

20×1年12月31日　　　　单位:元

科目名称	借方余额	科目名称	贷方余额
库存现金	1 200.00	短期借款	80 000.00
银行存款	290 400.00	应付票据	32 000.00
其他货币资金	4 000.00	应付账款	20 000.00
交易性金融资产	104 000.00	应交税费	30 000.00
应收票据	200 000.00	应付利息	3 200.00
应收账款	551 600.00	其他应付款	2 400.00
预付账款	47 736.00	长期借款	520 000.00
其他应收款	800.00	股本	10 000 000.00
原材料	258 800.00	资本公积	26 000.00
周转材料	3 600.00	盈余公积	232 000.00
库存商品	1 374 400.00	利润分配(未分配利润)	84 566.00
长期股权投资	240 000.00	坏账准备	55 160.00

续表

科目名称	借方余额	科目名称	贷方余额
固定资产	8 328 000.00	累计折旧	1 240 000.00
在建工程	72 000.00	累计摊销	8 000.00
无形资产	824 000.00	长期股权投资减值准备	28 000.00
长期待摊费用	40 000.00		
递延所得税资产	20 790.00		
合计	12 361 326.00	合计	12 361 326.00

(二)20×1年12月31日财务状况如表8-2(资产负债表)所示。

表 8-2

资产负债表

会企01表

编制单位:湘中宏源制造有限公司　　20×1年12月31日　　单位:元

资　产	期末余额	年初余额	负债和所有者权益(或股东权益)	期末余额	年初余额
流动资产:			流动负债:		
货币资金	295 600.00	略	短期借款	80 000.00	略
交易性金融资产	104 000.00		交易性金融负债		
应收票据	200 000.00		应付票据	32 000.00	
应收账款	496 440.00		应付账款	20 000.00	
预付款项	47 736.00		预收款项		
应收利息			应付职工薪酬		
应收股利			应交税费	30 000.00	
其他应收款	800.00		应付利息	3 200.00	
存货	1 636 800.00		应付股利		
一年内到期的非流动资产			其他应付款	2 400.00	
其他流动资产			一年内到期的非流动负债	72 000.00	
流动资产合计	2 781 376.00		其他流动负债		
非流动资产:			流动负债合计	239 600.00	
可供出售金融资产			非流动负债:		
持有至到期投资			长期借款	448 000.00	
长期应收款			应付债券		
长期股权投资	212 000.00		长期应付款		
投资性房地产			专项应付款		

续表

资　产	期末余额	年初余额	负债和所有者权益（或股东权益）	期末余额	年初余额
固定资产	7 088 000.00		预计负债		
在建工程	72 000.00		递延所得税负债		
工程物资			其他非流动负债		
固定资产清理			非流动负债合计	448 000.00	
生产性生物资产			负债合计	687 600.00	
油气资产			所有者权益（或股东权益）：		
无形资产	816 000.00		实收资本（或股本）	10 000 000.00	
开发支出			资本公积	26 000.00	
商誉			减：库存股		
长期待摊费用	40 000.00		盈余公积	232 000.00	
递延所得税资产	20 790.00		未分配利润	84 566.00	
其他非流动资产			所有者权益（或股东权益）合计	10 342 566.00	
非流动资产合计	8 248 790.00				
资产总计	11 030 166.00		负债和所有者权益（或股东权益）总计	11 030 166.00	

（三）20×2 年发生如下经济业务：

1. 销售商品一批，增值税专用发票上注明的价款 170 000 元，增值税税额为 28 900 元，价款及税额尚未收到。该批商品已发出，其实际成本为 112 000 元。

2. 购买原材料一批，增值税专用发票上注明的价款 80 000 元，增值税税额为 13 600 元，价款及增值税额均以转账支票付讫，材料已入库。

3. 出售持有的交易性金融资产，其账面余额为 54 000 元（全部为股票，成本为 54 000 元），转让款项为 62 000 元已存入银行。

4. 销售商品一批，增值税专用发票上注明的价款为 260 000 元，增值税税额为 44 200 元，价款及税额已收到存入银行。该批商品已发出，其实际成本为 148 000 元。

5. 以银行存款支付到期的银行承兑汇票 32 000 元。

6. 收到原材料一批，增值税专用发票上注明的价款 40 800 元，增值税税额为 6 936 元，材料已入库，货款已于上月预付。

7. 购入不需要安装的非生产经营用设备一台，增值税专用发票上注明的价款 20 000 元，增值税额 3 400 元，款项以转账支票付讫。

8. 购买非应税工程用物资一批，价款为 4 000 元，增值税额为 680 元，款项以转账支票付讫，工程物资已验收入库。

9. 以银行存款归还到期的 3 年期的借款 72 000 元。

10. 基本生产车间报废一台设备，原价 200 000 元，已提折旧 184 000 元，发生清理费用

400 元,残值收入 640 元,均通过银行存款收付,已清理完毕。

11. 销售商品一批,增值税专用发票上注明的价款 72 000 元,增值税税额为 12 240 元,收到票面金额为 84 240 元的不带息商业承兑汇票一张。该批商品已发出,其实际成本为 52 960元。

12. 从银行借入 3 年期用于购建固定资产的专门借款 80 000 元,借款已存入银行。

13. 持有一张面值为 20 000 元的商业汇票到期,款项已收存银行。

14. 偿还短期借款本金 80 000 元及已计提的利息 3 200 元。

15. 以银行存款支付当期职工薪酬 357 000 元,其中,支付在建工程人员薪酬 27 360 元。

16. 分配当期职工薪酬 357 000 元,其中,基本生产车间工人薪酬 228 000 元,车间管理人员薪酬 18 240 元,公司行政管理人员薪酬 83 400 元,在建工程人员薪酬 27 360 元。

17. 预收货款 280 000 元存入银行。

18. 计提应计入本期损益的借款利息 10 157 元,其中,短期借款利息 4 077 元,长期借款(采用分期付息方式)利息 6 080 元。

19. 计提固定资产折旧费 64 000 元,其中生产车间折旧费 51 200 元,行政管理部门折旧费 12 800 元。

20. 摊销无形资产价值 24 000 元,长期待摊费用摊销计入管理费用 3 600 元。

21. 基本生产车间领用原材料一批,实际成本 160 000 元,其中生产产品耗用 152 000 元,一般耗用 8 000 元。

22. 收到应收账款 130 500 元存入银行。

23. 以银行存款支付广告费 10 000 元和商品展览费 7 160 元。

24. 以银行存款交纳当期的增值税 30 000 元。

25. 按应收账款余额的 5%计提坏账准备。

26. 已投产的产品本期全部完工入库,结转制造费用和完工产品成本。

27. 以银行存款预付购货款 8 000 元。

28. 年末交易性金融资产的公允价值为 86 677 元,确认公允价值变动损益。年末长期股权投资可收回金额为 280 000 元。

29. 将各损益类账户余额结转到"本年利润"账户。

30. 计算本期应交的所得税费用(假设本期除资产减值损失和交易性金融资产的公允价值变动外,其他交易或者事项核算均符合税法规定),并将所得税费用结转到"本年利润"。

31. 以银行存款交纳所得税 4 800 元。

32. 按本年净利润的 10%和 15%计提法定盈余公积和任意盈余公积。

33. 将利润分配的各明细科目的余额转入"未分配利润"明细科目,结转本年利润。

【实训要求】

1. 根据资料编制 20×2 年会计分录。

2. 根据资料编制表 8-3 (20×2 年资产负债表)、表 8-4(利润表)和表 8-5(现金流量表)。

【实训用具】

资产负债表、利润表和现金流量表各两张。

【实训时间】

8 课时。

表 8-3

资产负债表

会企 01 表

编制单位：　　　　　　　　　　　年　月　日　　　　　　　　　　　单位:元

资　产	期末余额	年初余额	负债和所有者权益（或股东权益）	期末余额	年初余额
流动资产：			流动负债：		
货币资金			短期借款		
交易性金融资产			交易性金融负债		
应收票据			应付票据		
应收账款			应付账款		
预付款项			预收款项		
应收利息			应付职工薪酬		
应收股利			应交税费		
其他应收款			应付利息		
存货			应付股利		
一年内到期的非流动资产			其他应付款		
其他流动资产			一年内到期的非流动负债		
流动资产合计			其他流动负债		
非流动资产：			流动负债合计		
可供出售金融资产			非流动负债：		
持有至到期投资			长期借款		
长期应收款			应付债券		
长期股权投资			长期应付款		
投资性房地产			专项应付款		
固定资产			预计负债		
在建工程			递延所得税负债		
工程物资			其他非流动负债		
固定资产清理			非流动负债合计		
生产性生物资产			负债合计		
油气资产			所有者权益(或股东权益)：		
无形资产			实收资本(或股本)		
开发支出			资本公积		
商誉			减:库存股		
长期待摊费用			盈余公积		
递延所得税资产			未分配利润		
其他非流动资产			所有者权益(或股东权益)合计		
非流动资产合计					
资产总计			负债和所有者权益(或股东权益)总计		

表 8-4

利　润　表

会企 02 表

编制单位：　　　　　　　　　　年　月　　　　　　　　　　单位：元

项　目	本期金额	上期金额
一、营业收入		
减：营业成本		
营业税金及附加		
销售费用		
管理费用		
财务费用		
资产减值损失		
加：公允价值变动收益(损失以"－"号填列)		
投资收益(损失以"－"号填列)		
其中：对联营企业和合营企业的投资收益		
二、营业利润(亏损以"－"号填列)		
加：营业外收入		
减：营业外支出		
其中：非流动资产处置损失		
三、利润总额(亏损总额以"－"号填列)		
减：所得税费用		
四、净利润(净亏损以"－"号填列)		
五、每股收益：		
(一)基本每股收益		
(二)稀释每股收益		

表 8-5

现金流量表

会企 03 表

编制单位： 年 月 单位：元

项 目	本期金额	上期金额
一、经营活动产生的现金流量：		
销售商品、提供劳务收到的现金		
收到的税费返还		
收到其他与经营活动有关的现金		
经营活动现金流入小计		
购买商品、接受劳务支付的现金		
支付给职工以及为职工支付的现金		
支付的各项税费		
支付其他与经营活动有关的现金		
经营活动现金流出小计		
经营活动产生的现金流量净额		
二、投资活动产生的现金流量：		
收回投资收到的现金		
取得投资收益收到的现金		
处置固定资产、无形资产和其他长期资产收回的现金净额		
处置子公司及其他营业单位收到的现金净额		
收到其他与投资活动有关的现金		
投资活动现金流入小计		
购建固定资产、无形资产和其他长期资产支付的现金		
投资支付的现金		
取得子公司及其他营业单位支付的现金净额		
支付其他与投资活动有关的现金		
投资活动现金流出小计		
投资活动产生的现金流量净额		
三、筹资活动产生的现金流量：		
吸收投资收到的现金		
取得借款收到的现金		
收到其他与筹资活动有关的现金		
筹资活动现金流入小计		
偿还债务支付的现金		
分配股利、利润或偿付利息支付的现金		
支付其他与筹资活动有关的现金		
筹资活动现金流出小计		
筹资活动产生的现金流量净额		
四、汇率变动对现金及现金等价物的影响		
五、现金及现金等价物净增加额		
加：期初现金及现金等价物余额		
六、期末现金及现金等价物余额		

下　篇

综合实训

第一部分　综合实训指导

一、实训目的

财务会计综合实训以职业岗位能力训练为导向，以制造业企业一个月的典型经济业务为主线，设计了从建账开始，到处理日常经济业务，到编制会计报表全过程的综合会计资料。通过模拟实训，使学生能够比较系统、全面地掌握制造业企业会计核算的基本程序和具体方法，提高学生的动手操作能力和综合处理会计业务的能力，培养良好的会计职业道德和职业素质，为今后从事会计工作打下良好的基础。

二、任务描述及实训指导

模拟企业湘中宏源制造有限公司会计核算采用科目汇总表账务处理程序。科目汇总表账务处理程序，是指对发生的经济业务，根据原始凭证或原始凭证汇总表编制记账凭证，根据记账凭证定期编制科目汇总表，并据以登记总分类账的一种账务处理程序。这种账务处理程序的主要特点是，根据记账凭证定期编制科目汇总表，然后根据科目汇总表登记总账。

科目汇总表账务处理程序一般步骤如下图所示。

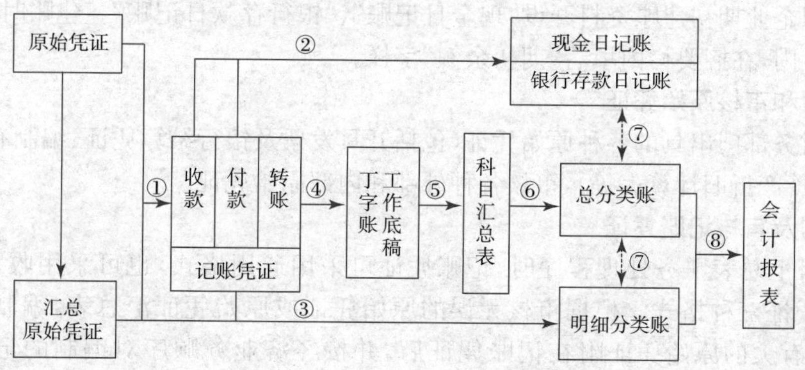

(一)建立会计账簿

建立会计账簿也就是建账或开账，它是根据模拟企业的“期初建账资料”建立，包括总账、明细账、日记账。

1. 总账的建立

总账通常采用订本式，其账页格式为三栏式，它是根据模拟企业的期初余额或上期期末余额资料(实际工作中一般是每年初建一次账)，按科目顺序依次开设。建账时，将期初余额登记在余额栏内，在摘要栏内填写“期初余额”字样。“借或贷”栏根据账户性质余额方向而定。

2. 明细账的建立

明细账一般分为三栏式、数量金额式、多栏式等格式。

(1)三栏式明细账。三栏式明细账设借、贷、余三个金额栏。它适用于只需进行金额核算不需进行数量核算的明细核算。如“应收账款”、“短期借款”等明细账。

根据模拟企业期初建账资料开设“应收账款”、“其他应收款”、“预付账款”、“交易性金融资产”、“应付票据”、“应付账款”、“应交税费”、“短期借款”、“长期借款”等明细账(其他明细账略)。建账时,将期初余额登记在余额栏内,在摘要栏内填写“期初余额”字样。“借或贷”栏根据账户性质余额方向而定。建账后,检查明细账余额之和是否与所属总账账户余额相等。

(2)数量金额式明细账。数量金额式明细账基本格式是在借、贷、余三栏下再分设“数量”、“单价”、“金额”三个专栏。它适用既要进行金额核算,又要进行实物数量核算的各种财产物资的明细核算。如“原材料”、“库存商品”等明细账。

根据模拟企业期初建账资料开设“在途物资”、“原材料”、“库存商品” 等明细账(其他明细账略)。建账时,将期初余额登记在余额栏内,在摘要栏内填写“期初余额”字样。建账后,检查明细账余额之和是否与所属总账账户余额相等。

(3)多栏式明细账。多栏式明细账是按有关明细科目或明细项目分设专栏,在一张账页上集中反映有关明细科目或明细项目的核算。适用于明细项目较多,且要求分项列示的有关费用、成本和收入、成果等账户的明细核算。如“管理费用”、“制造费用”等账户。

根据模拟企业期初建账资料开设“生产成本”、“制造费用”、“管理费用”等成本费用明细账,每张账页中分若干成本费用项目登记反映。

3. 日记账的建立

日记账主要是建立现金和银行存款日记账,通常采用三栏式格式。

根据模拟企业期初建账资料开设“现金日记账”、“银行存款日记账”。建账时,将期初余额登记在余额栏内,在摘要栏内填写“期初余额”字样。

(二)填制和审核原始凭证

填制由财务部门出具的各种原始凭证(包括开具发票及银行结算凭证、编制有关职工薪酬分配表、固定资产折旧计算表等),审核各种外部和内部原始凭证。

(三)编制及审核记账凭证

采用科目汇总表账务处理程序时,记账凭证可采用通用格式,也可采用收款凭证、付款凭证和转账凭证三种格式。根据审核无误的原始凭证或原始凭证汇总表,编制及审核记账凭证,同时将有关的原始凭证附在记账凭证后,并按经济业务顺序对编制的记账凭证进行编号。

(四)登记日记账

根据审核无误的现金、银行存款收、付款记账凭证逐日逐笔登记现金日记账、银行存款日记账,并在凭证上“库存现金”、“银行存款”科目后的记账符号栏打“√”,以示已经登记入账,便于核查。逐笔结出现金、银行存款余额,做到日清月结。

(五)登记明细账

根据审核无误的有关记账凭证及所附的原始凭证或原始凭证汇总表,顺序登记有关明细账。并在凭证上的对应科目后的记账符号栏打“√”,以示已经登记入账,便于核查。

(六)编制科目汇总表

科目汇总表，也称记账凭证汇总表。它是根据一定时期(五天或十天)的记账凭证，按照相同科目归类加计金额，并试算平衡，据以登记总账的一种记账凭证。

其方法步骤为：

1. 编制"T"字型汇总表

设计一张草表，将所汇总记账凭证涉及的会计科目按一定顺序列示出"T"字型简易账户，然后按记账凭证编号顺序，逐笔记入草表中相应账户的借方或贷方金额。登记完毕后，将各账户登记金额按借、贷方向相加，得出各账户汇总期内的借方发生额合计和贷方发生额合计。

2. 填制科目汇总表

(1)科目汇总表的日期除按日汇总外，应写期间数，如×年×月×日至×日，并注明本科目汇总表所汇总的记账凭证的起讫号数。编号一般按年填写顺序号。

(2)把汇总草表各T字账户所登记的借贷方发生额合计准确填入科目汇总表相应会计科目的同一方向栏内。会计科目名称排列应与总账顺序保持一致，以方便记账。

(3)将每一会计科目的汇总金额填入科目汇总表后，应分别加总计算全部会计科目的借方发生额合计和贷方发生额合计，填入表中最末行的合计栏内，并进行发生额试算平衡。如借贷方数额相等，则表示汇总正确，否则，需检查转抄、加总及记账凭证有无错误。查明原因，直到借贷平衡。

(七)登记总账

根据定期编制的科目汇总表登记总账。

(八)对账

根据已经登记的总账期初余额、本期发生额及期末余额编制总账余额试算平衡表，并在此基础上将总账与其所属明细账进行核对，将总账与日记账进行核对。

(九)更正错账

对账簿中出现的错误按规定的方法进行更正。

(十)期末结账

月份终了时，要进行月末结账。对于不需要结计月份发生额的账户，如"固定资产"、"原材料"、"应收账款"、"应付账款"、"实收资本"等账户，只需在最后一笔记录下面划一条通栏单红线即可，以便和下月发生额相区别。对于需要结计月份发生额的账户，如"库存现金"、"银行存款" 等账户，应在各账户本月最后一笔业务记录的数字下端划一通栏单红线，用蓝字结算出本月发生额和月末余额，并在摘要栏内填写 "本月合计"字样，月末如无余额，应在"借或贷"栏内写"平"，在余额栏内"元"下面写"0"，然后在下面划一条通栏单红线，以便区分本月业务和下月业务。对于需要逐月结算本年累计发生额的账户，在结算本月发生额及月末余额后，应在下一行摘要栏内填写 "本年累计"字样，然后在下面画一条通栏单红线。对本月未发生金额变化的账户，可不进行月结。

(十一)编制会计报表

在月末结账、对账的基础上，根据总账和有关明细账余额编制资产负债表，根据损益类账户的贷方或借方发生额编制利润表。

(十二)整理会计档案

实训结束后，将会计凭证、会计账簿、会计报表进行整理，加具封面、装订成册。

三、实训用具

1. 通用记账凭证80～90张，科目汇总表3～5张；

2. 总账一本(采用活页式账簿的25～30页)；现金、银行存款日记账页各5页；三栏式明细账页20页；数量金额式账页5～8页；多栏式账页5页。

3. 资产负债表、利润表各2张。

4. 复写纸、直尺、小刀、大头针、回形针、夹子、凭证封面、装订机、装订线等物品。

四、实训时间

30课时。

第二部分　期初建账资料

模拟企业湘中宏源制造有限公司 2013 年 12 月 1 日各总账及有关明细账户期初余额资料如下(金额单位:元):

一、总账期初余额

总账期初余额表

账户名称	借方余额	账户名称	贷方余额
库存现金	1 926.90	短期借款	2 500 000.00
银行存款	5 195 825.47	应付票据	300 000.00
其他货币资金	100 000.00	应付账款	739 070.00
交易性金融资产	381 947.22	应付职工薪酬	45 335.38
预付账款	3 055.67	应交税费	210 711.80
应收账款	161 080.00	应付利息	31 125.00
其他应收款	3 000.00	长期借款	1 014 400.00
在途物资	35 100.00	股本	10 000 000.00
周转材料	66 900.00	资本公积	2 200 000.00
原材料	1 690 898.00	盈余公积	1 045 124.00
生产成本	620 673.73	本年利润	1 849 665.24
库存商品	5 932 800.00	利润分配	821 087.57
固定资产	9 626 000.00	坏账准备	16 108.00
在建工程	568 000.00	累计折旧	3 747 380.00
无形资产	216 000.00	累计摊销	83 200.00
合计	24 603 206.99		24 603 206.99

二、往来账项明细账期初余额

往来账项明细账期初余额表

账户名称	借方余额	账户名称	贷方余额
应收账款	161 080.00	应付票据	300 000.00
——长沙宏达股份公司	80 000.00	——株洲五江建材有限公司	300 000.00

续表

账户名称	借方余额	账户名称	贷方余额
——湖南娄底青山有限公司	81 080.00	应付账款	739 070.00
其他应收款	3 000.00	——江西萍乡有色金属公司	175 679.00
——行政科备用金	1 000.00	——涟源钢铁股份有限公司	563 391.00
——财务科杨乐	1 000.00		
——科研信息部潘少安	1 000.00		
预付账款	3 055.67		
——报刊订阅费	703.00		
——财产保险费	1 846.67		
——机动车辆保险费	506.00		

三、交易性金融资产明细账期初余额

交易性金融资产明细账期初余额表

总账账户	二级账户	明细账户	借或贷	期初余额	备注
交易性金融资产	正和股份	成本	借	350 000.00	100 000股
		公允价值变动	借	31 947.22	

四、应交税费明细账余额

应交税费明细账期初余额表

账户名称	贷方余额
应交税费	214 558.60
——应交城建税	13 463.80
——应交教育费附加	5 770.20
——应交地方教育费附加	3 846.80
——未交增值税	189 340.00
——应交个人所得税	2 137.80

五、短期借款、长期借款期初余额资料

1. “短期借款”明细账月初贷方余额2 500 000元,该项借款为生产周转借款,贷款银行为中国工商银行长沙市兴城支行,借款日期为2013年6月21日,贷款期限为6个月。月利率为6.225‰,到期一次还本,利息按月预提分季支付。

2. “长期借款”明细账月初贷方余额1 014 400元,其中本金1 000 000元,应计利息14 400元。该借款为专门借款(建造仓库),借款日期为2013年9月30日,贷款银行为建设银行长沙市金星支行,借款期限为2年,月利率为7.2‰,到期一次还本付息,工程尚未完工。

六、在途物资明细账期初余额

在途物资明细账期初余额表

明细账户	供货单位	数量(吨)	单价	金 额
铸造生铁	湘江钢铁股份有限公司	10	3 510	35 100
合计				35 100

七、原材料明细账账户期初余额

原材料明细账期初余额表

明细账户		规 格	单位	数量	单价	金额(元)
主要材料	炼钢生铁		吨	100	2 200	220 000.00
	铸造生铁		吨	120	3 500	420 000.00
	冷轧卷板	2.0×1 000×2 000	吨	58	5 352	310 416.00
	小计					950 416.00
外购半成品	电动机	Y132S -4 -5.5kW	台	50	981	49 050.00
	减速机	MBW04—Y0.37—C5	台	60	1 000	60 000.00
	大齿轮	ZD70	件	40	5 160	206 400.00
	小计					315 450.00
辅助材料	配件 A		件	100	2 000	200 000.00
	配件 B		件	400	300	120 000.00
	配件 C		件	120	200	24 000.00
	小计					344 000.00
备 件						81 032.00
合计						1 690 898.00

八、库存商品明细账期初余额

库存商品明细账期初余额表

品名	数量	单位	单位成本	金额
球磨机	48	台	110 600.00	5 308 800.00
和泥机	30	台	20 800.00	624 000.00
合计				5 932 800.00

九、期初在产品成本余额

期初在产品成本余额表

产品名称	直接材料	燃料及动力	直接人工	制造费用	合计
球磨机	347 912.70	7 470.00	126 877.92	37 950.32	520 210.94
和泥机	69 912.64	1 575.00	22 997.65	5 977.50	100 462.79
合计					620 673.73

十、固定资产明细账期初余额

固定资产明细账期初余额表

类别 部门	房屋建筑物	机器设备	运输设备	办公设备	合计
铸造车间	1 844 000	1 282 000			3 126 000
机加工车间	1 086 000	124 000			1 210 000
装配车间	1 000 000	150 000			1 150 000
行政管理部门	2 440 000		150 000	50 000	2 640 000
出租固定资产	1 500 000				1 500 000
合计	7 870 000	1 556 000	150 000	50 000	9 626 000

十一、2013年1～11月份各损益类账户累计发生额

账户名称	1～11月累计发生额	
	借方累计发生额	贷方累计发生额
主营业务收入		11 710 000
其他业务收入		63 000
投资收益		1 016 000
营业外收入		134 000
主营业务成本	9 350 000	
营业税金及附加	116 000	
其他业务成本	42 000	
销售费用	121 500	
管理费用	712 237.76	
财务费用	482 000	
营业外支出	85 000	
资产减值损失	43 885	
公允价值变动损益	120 712	
合计	11 073 334.76	12 923 000

第三部分　实训业务资料

模拟企业湘中宏源制造有限公司2013年12月份发生下列有关经济业务：

Z-1-1

托收凭证（受理回单）　　1

委托日期：　年　月　日

<table>
<tr><td colspan="2">业务类型</td><td colspan="12">委托收款（□邮划，□电划）　托收承付（□邮划，□电划）</td></tr>
<tr><td rowspan="3">付款人</td><td>全　称</td><td colspan="3"></td><td rowspan="3">收款人</td><td>全　称</td><td colspan="7"></td></tr>
<tr><td>账　号</td><td colspan="3"></td><td>账　号</td><td colspan="7"></td></tr>
<tr><td>地　址</td><td>省　市
县</td><td>开户行</td><td></td><td>地　址</td><td>省　市
县</td><td>开户行</td><td colspan="5"></td></tr>
<tr><td rowspan="2">金额</td><td colspan="6" rowspan="2">人民币
（大写）</td><td>千</td><td>百</td><td>十</td><td>万</td><td>千</td><td>百</td><td>十</td><td>元</td><td>角</td><td>分</td></tr>
<tr><td></td><td></td><td></td><td></td><td></td><td></td><td></td><td></td><td></td><td></td></tr>
<tr><td>款项内容</td><td></td><td>托收凭据名　称</td><td></td><td>附寄单证张数</td><td></td></tr>
<tr><td colspan="2">商品发运情况</td><td></td><td>合同名称号码</td><td></td></tr>
<tr><td>备注：

复核　记账</td><td>款项收妥日期

年　月　日</td><td>收款人开户行盖章
中国工商银行头城支行
2013.12.3
业务章</td></tr>
</table>

此联作为收款人开户银行给收款人的受理回单

提示：填制托收承付凭证。

Z-1-2

43000451960　　**湖南省增值税专用发票**　　№ 00069678

此联不作报销、扣税凭证使用　　开票日期:2013 年 12 月 3 日

购货单位	名　　称:涟源大宇水泥有限公司 纳税人识别号:431382538625015 地 址 、电 话:涟源市茅塘镇 开户行及账号:工行涟源城南分理处 1913101298532515029	密码区	247-2<9-7-61594584 8<032/52>9/29533 49741626<8-3024> 82906-2-41-6<7>2*	加密版本 01 43000451960 00069678

货物或应税劳务名称	计量单位	数量	单价	金额	税率	税额
球磨机	台	2	160 000.00	320 000.00	17%	54 400.00
合　　计				¥320 000.00		¥54 400.00
价税合计(大写)	叁拾柒万肆仟肆佰元整			(小写)¥374 400.00		

销货单位	名　　称:湘中宏源制造有限公司 纳税人识别号:430302789022218 地 址 、电 话:长沙市八一路 148 号 开户行及账号:工行长沙市兴城支行 1903019551012985321	备注	湘中宏源制造有限公司 430302789022218 发票专用章

收款人:　　复核:　　开票人:胡红　　销货单位(章)

第三联:记账联　销货方记账凭证

Z-1-3

产成品出库单

2013 年 12 月 3 日

领用单位:销售科　　№ 0010

产品名称	型号规格	单位	出库数量	单价	金额	备注
球磨机		台	2			

记账:　　保管:　　检验:　　制单:刘军

Z-1-4

代垫费用清单(存根)①

2013 年 12 月 3 日　　№ 0002

单位名称	涟源大宇水泥有限公司		附送单据	1 张
费用项目	运费	金　额:壹仟元整　¥1 000.00		
备　注				

Z-1-5

中国工商银行
转账支票存根

Ⅻ 02950021

附加信息

出票日期 2013 年 12 月 3 日

收款人:长沙市红星运输公司
金　额:￥1 000.00
用　途:代垫运费
备　注:

单位主管　　　　会计

Z-2-1

中国工商银行
转账支票存根

Ⅻ 02950022

附加信息

出票日期 2013 年 12 月 3 日

收款人:长沙市宏宇广告有限公司
金　额:￥6 000.00
用　途:支付广告费
备　注:

单位主管　　　　会计

Z-2-2

长沙市广告业统一发票

客户:湘中宏源制造有限公司　　2013 年 12 月 3 日　　№ 000100

项　目	规　格	单　位	数　量	金额 十	万	千	百	十	元	角	分	备　注
产品广告费						6	0	0	0	0	0	
					￥	6	0	0	0	0	0	
金额(大写):陆仟元整												

第二联　报销凭证

长沙市宏宇广告有限公司 发票专用章

开票人:王力　　　　单位盖章(未盖章无效)

Z-3-1

借　　据

部门或姓名＿＿＿＿＿＿　　2013 年 12 月 3 日　　第　　号

今　借　到			
人民币(大写)　壹仟元整　￥1 000.00　　　此　据			
借款用途说明:去深圳开会			
主管人　同意 批　准　黄振华	财务负责人　同意 意　　见　李静	部门负责人　同意 意　　见　李建山	借款人　周清 签　章

现金付讫

会计:张洁　　　　复核:张洁　　　　出纳:王琳

Z-4-1

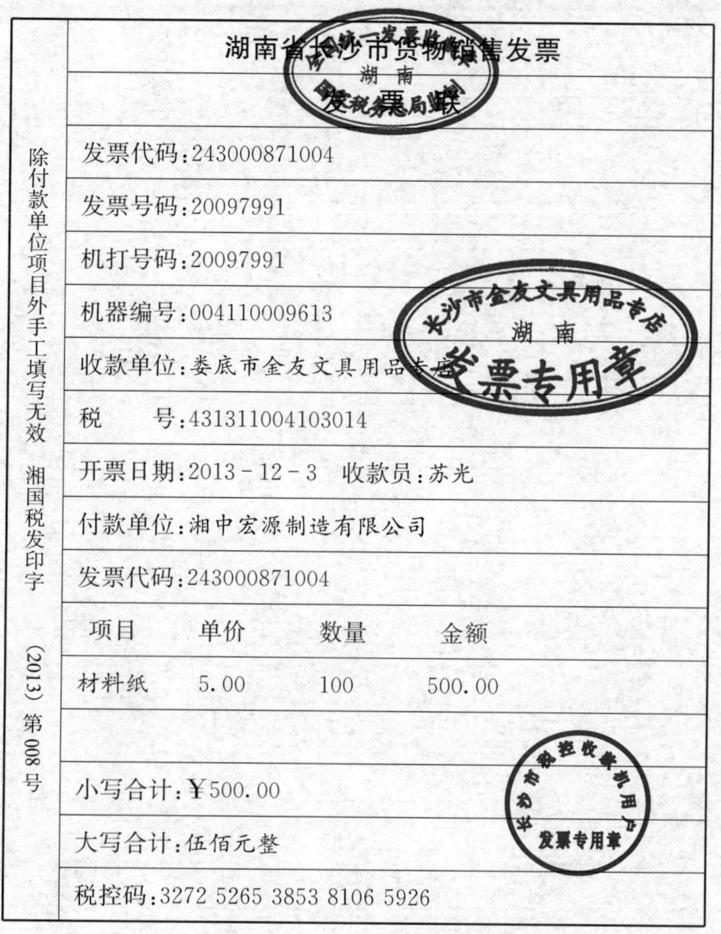

湖南省长沙市货物销售发票

发票联

除付款单位项目外手工填写无效　湘国税发印字（2013）第008号

发票代码:243000871004

发票号码:20097991

机打号码:20097991

机器编号:004110009613

收款单位:娄底市金友文具用品专店

税　　号:431311004103014

开票日期:2013-12-3　收款员:苏光

付款单位:湘中宏源制造有限公司

发票代码:243000871004

项目	单价	数量	金额
材料纸	5.00	100	500.00

小写合计:¥500.00

大写合计:伍佰元整

税控码:3272 5265 3853 8106 5926

Z-4-2

湘中宏源制造有限公司内部付款凭单

2013年12月4日　　编号:

领款人	张军
付款用途	购买行政管理部门用办公用品
金　额	人民币(大写):伍佰元整
备　注	补足备用金

现金付讫

财务负责人:李静　　出纳:王琳　　领款人签名:张军

Z-5-1

中国工商银行信汇凭证(回单) 1

No. 00461253

委托日期：2013 年 12 月 5 日

<table>
<tr><td rowspan="4">汇款人</td><td>全　称</td><td>湘中宏源制造有限公司</td><td rowspan="4">收款人</td><td>全　称</td><td>涟源钢铁股份有限公司</td></tr>
<tr><td>账　号</td><td>1903019551012985321</td><td>账　号</td><td>1913010109601099805</td></tr>
<tr><td>汇出地点</td><td>湖南省长沙市/县</td><td>汇入地点</td><td>湖南省娄底市/县</td></tr>
<tr><td>汇出行名称</td><td>工行长沙市兴城支行</td><td>汇入行名称</td><td>工行涟钢红叶支行</td></tr>
<tr><td>金额</td><td colspan="4">人民币
(大写)陆万柒仟壹佰叁拾柒元整</td><td>千 百 十 万 千 百 十 元 角 分
¥ 6 7 1 3 7 0 0</td></tr>
<tr><td colspan="3">支付货款

中国工商银行兴城支行 2013.12.5 业务章
汇出行签章</td><td colspan="3">支付密码
附加信息及用途：

复核　　记账</td></tr>
</table>

此联是汇出行给汇款人的回单

Z-5-2

43000452005

湖南省增值税专用发票

№ 00065853

发票联

全国统一发票监制章 湖南 国家税务总局监制

开票日期：2013 年 12 月 5 日

<table>
<tr><td>购货单位</td><td colspan="4">名　称：湘中宏源制造有限公司
纳税人识别号：430302789022218
地 址、电 话：长沙市八一路 148 号
开户行及账号：工行长沙市兴城支行
1903019551012985321</td><td>密码区</td><td colspan="2">89<9-7-61596214
8<032/52>9/29533-4971
166<8-3024>809-2</td><td>加密版本 01
43000452005
00065853</td></tr>
<tr><td colspan="2">货物或应税劳务名称</td><td>计量单位</td><td>数量</td><td>单价</td><td>金额</td><td>税率</td><td>税额</td></tr>
<tr><td colspan="2">冷轧卷板
2.0×1 000×2 000</td><td>吨</td><td>10</td><td>5 610</td><td>56 100.00</td><td>17%</td><td>9 537.00</td></tr>
<tr><td colspan="2">合　计</td><td></td><td></td><td></td><td>¥56 100.00</td><td></td><td>¥9 537.00</td></tr>
<tr><td colspan="2">价税合计(大写)</td><td colspan="4">陆万伍仟陆佰叁拾柒元整</td><td colspan="2">(小写)¥65 637.00</td></tr>
<tr><td>销货单位</td><td colspan="4">名　称：涟源钢铁股份有限公司
纳税人识别号：430679425900067
地 址、电 话：娄底市涟浜路 32 号
开户行及账号：工行涟钢红叶支行
1913010109601099805</td><td>备注</td><td colspan="2">涟源钢铁股份有限公司 430679425900067 发票专用章</td></tr>
</table>

收款人：　　复核：　　开票人：李岚　　销货单位(章)

第二联：发票联　购货方记账凭证

Z-5-3

4300035255 **货物运输业增值税专用发票** № 00108211

发票联

4300035255
00108211

开票日期:2013 年 12 月 5 日

承运人及 纳税人识别号	娄底市顺天货运有限公司 431302590123657	密码区	47894561/-2-3＊124<>01-8<458+68-45 7894＊1577<1256+45+26>7＊12345879＊0 -90-/0<514＊8/006//3+125478/0/-8<4
实际受票方及 纳税人识别号	湘中宏源制造有限公司 430302789022218		
收货人及 纳税人识别号	湘中宏源制造有限公司 430302789022218	发货人及 纳税人识别号	涟源钢铁股份有限公司 430679425900067
起运地、经由、到达地			

费用项目及金额	费用项目	金额	费用项目	金额	运输货物信息	
	运输	1 500.00				

合计金额	￥1 500.00	税率	11%	税额	￥255.00	机器编号	889800099199
价税合计(大写)	壹仟柒佰伍拾伍元整				(小写)￥1 755.00		
车种车号		车船吨位		备注	娄底市顺天货运有限公司 431302590123657 发票专用章		
主管税务机关 及代码	娄底市新星区国家税务局税源管理二科 14315894700						

收款人: 复核: 开票人:蒋小军 承运人:(章)

第三联:发票联 受票方记账凭证

Z-6-1

中国工商银行 转账支票存根
Ⅻ 02950023
附加信息
出票日期 2013 年 12 月 6 日
收款人:长沙市宏星大酒店
金 额:1 820.00
用 途:支付餐费
备 注:
单位主管 会计

Z-6-2

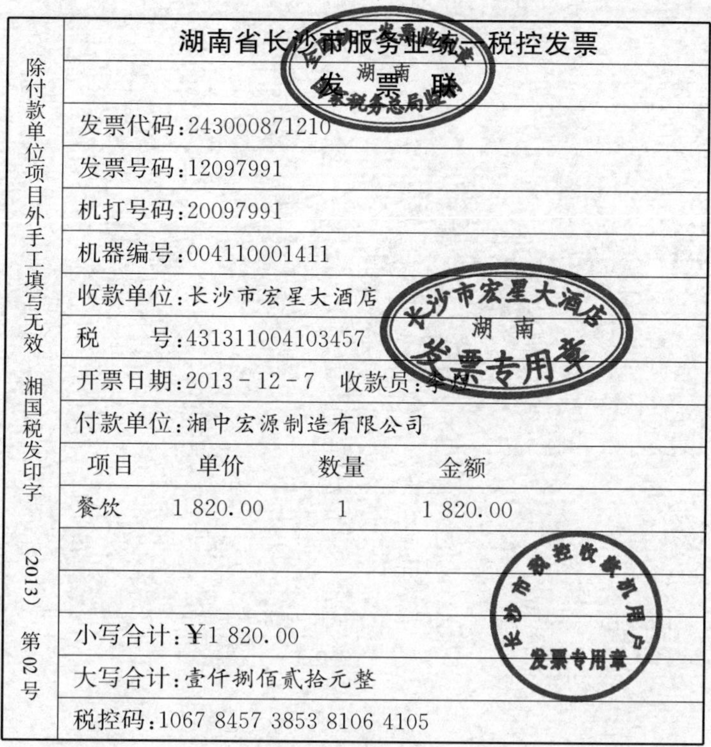

湖南省长沙市服务业统一税控发票

发　票　联

发票代码：243000871210

发票号码：12097991

机打号码：20097991

机器编号：004110001411

收款单位：长沙市宏星大酒店

税　　号：431311004103457

开票日期：2013－12－7　收款员：李[illegible]

付款单位：湘中宏源制造有限公司

项目	单价	数量	金额
餐饮	1 820.00	1	1 820.00

小写合计：¥1 820.00

大写合计：壹仟捌佰贰拾元整

税控码：1067 8457 3853 8106 4105

除付款单位项目外手工填写无效　湘国税发印字（2013）第02号

Z-7-1

中国工商银行

转账支票存根

Ⅻ 02950024

附加信息

出票日期 2013 年 12 月 7 日

收款人：长沙市华龙汽车修理厂

金　额：¥1 404.00

用　途：支付轿车修理费

备　注：

单位主管　　会计

Z-7-2

4310045200　　**湖南省增值税普通发票**　　№ 00025812　4310045200 00025812

全国统一发票监制章　发票　湖南　国家税务总局监制

开票日期:2013年12月7日

购货单位	名　　称:湘中宏源制造有限公司 纳税人识别号:430302789022218 地 址 、电 话:长沙市八一路148号 开户行及账号:工行长沙市兴城支行 1903019551012985321	密码区	—+//04561<97-6159*8<32/5>9/29531— 4974-1626<8-3024>8090-2*4498*/916 4789<8>365/45*//1236				
货物或应税劳务名称	规格型号	单位	数量	单价	金额	税率	税额
修理费					1 200.00	17%	204.00
合　计					￥1 200.00		￥204.00
价税合计(大写)	壹仟肆佰零肆元整		(小写)￥1 404.00				
销货单位	名　　称:长沙市华龙汽车修理厂 纳税人识别号:430228906351120 地 址 、电 话:劳动路16号 开户行及账号:工行劳动西路办事处 1902100800303105001	备注	长沙市华龙汽车修理厂 430228906351120 发票专用章				

收款人:　　复核:　　开票人:金沅　　销货单位(章)

第二联:发票联　购货方记账凭证

Z-8-1

收　料　单

材料科目:　　　　编　　号:1181

材料类别:　　　　收料仓库:原材料库

供应单位:涟源钢铁股份有限公司　　2013年12月8日　　发票号码:00065853

材料编号	材料名称	规格	计量单位	数量		实际价格			
				应收	实收	单价	发票金额	运费	合计
	冷轧卷板	2.0×1 000×2 000	吨	10	10				
备　注									

采购员:　　检验员:　　记账员:　　保管员:

提示:将收料单填写完整,运费按7%抵扣。

Z-9-1

收 料 单

材料科目：　　　　　　　　　　　　　　　　　　　　编　　号:1182

材料类别：　　　　　　　　　　　　　　　　　　　　收料仓库:原材料库

供应单位:湘江钢铁公司　　　　2013 年 12 月 8 日　　　　发票号码:00042311

材料编号	材料名称	规格	计量单位	数量		实际价格			
				应收	实收	单价	发票金额	运费	合计
	铸造生铁		吨	10	10	3 510	35 100		35 100
备　注									

采购员：　　　　检验员：　　　　记账员：　　　　保管员：

Z-10-1

差旅费报销单

单位名称：　　　　填报日期:2013 年 12 月 8 日　　　　单位:元

姓名		周清		职级	生产副总		出差事由		开会	出差时间	计划 4 天 实际 4 天	备注
日期		起止地点		飞机、车、船票		其　他　费　用						
月	日	起	止	类别	金额	项　　目		标准	计算天数	核报金额		
12	4	长沙	深圳	火车	200.00	住宿费	包干报销	120	4	480.00		
12	7	深圳	长沙	火车	200.00		限额报销					
						伙食补助费						
						车、船补助费						
						其 他 杂 支						
小　计					400.00	小　计				480.00		
总计金额（大写）		捌佰捌拾元整				预支1 000.00　核销880.00　退补120.00						

主管：黄振华　　　　部门：　　　　审核:李静　　　　填报人:周清

Z-10-2

收　据

2013 年 12 月 8 日　　　　第 2 号

今收到:周清退回差旅费余款									
人民币(大写):壹佰贰拾元整		十	万	千	百	十	元	角	分
				¥	1	2	0	0	0
事由:周清退回差旅费余款	现金 √								
现金收讫	支票　　号								
收款单位		财务负责人	李静	收款人	王琳				

第三联 记账联

Z-11-1

中国工商银行
现金支票存根

Ⅻ 00382668

附加信息

出票日期 2013 年 12 月 8 日

收款人:湘中宏源制造有限公司
金　额:¥3 000.00
用　途:零星开支
备　注:

单位主管　　　会计

Z-12-1

中国工商银行
转账支票存根

Ⅻ 02950025

附加信息

出票日期 2013 年 12 月 9 日

收款人:长沙市邮政局
金　额:¥4 774.30
用　途:报刊订阅费
备　注:2014 年上半年

单位主管　　　会计

Z-12-2

湖南省邮电管理局报刊费收据

No. 006112

户名:湘中宏源制造有限公司　　(自费/公费订阅)

地址:长沙市八一路 148 号

报刊代号—名称	起止订期	订阅份数	单价	共计款额
报纸、杂志 10 种	2014/1-6	43		¥4 774.30
备　注				
订户注意	1. 请核对填写的内容是否正确。 2. 本收据款额如有涂改或未加盖日期戳和收费人员签章无效。 3. 如有查询等事项请交验收据。 青山路邮电支局 报刊费收据专用章 2013.12.9 收费员: 陈平			

Z-12-3

报刊订阅清单

订阅单位：湘中宏源制造有限公司

地　　址：长沙市八一路148号

订阅单位经手人：胡小明　　电话：6256789　　2013年12月9日

分号	代号	报刊名称	起止订期	份数	月(季)价	合计金额	备注
1		人民日报	2014/1—2014/6	5		720.00	
2		国际商报	2014/1—2014/6	5		720.00	
3		湖南日报	2014/1—2014/6	10		1 200.00	
4		组织人事报	2014/1—2014/6	1		37.80	
5		经济日报	2014/1—2014/6	5		740.50	
6		法制文萃报	2014/1—2014/6	5		375.00	
7							
8							
9							
10							
11							
12							
13							
14							
15							

共计(本页合计)6种31份　　　　金额￥3 793.30元

附注：1. 报纸、杂志分单填写各一式二份。

2. 本单不作收款凭证，收款以报刊费收据为凭。

邮政局复核　刘军

2013年12月9日

Z-12-4

杂志订阅清单

订阅单位：湘中宏源制造有限公司

地　　址：长沙市八一路148号

订阅单位经手人：胡小明　　电话：6256789　　2013年12月9日

分号	代号	报刊名称	起止订期	份数	月(季)价	合计金额	备注
1		企业界	2014/1—2014/6	1		30.00	
2		信息周刊	2014/1—2014/6	5		600.00	
3		财务与会计导刊	2014/1—2014/6	1		51.00	
4		中国市场	2014/1—2014/6	5		300.00	
5							
6							
7							
8							
9							
10							
11							
12							
13							
14							
15							

共计(本页合计)4种12份　　金额￥981.00元

附注：1. 报纸、杂志分单填写各一式二份。

2. 本单不作收款凭证，收款以报刊费收据为凭。

邮政局复核　刘军

2013年12月9日

Z-13-1

差旅费报销单

单位名称：科研信息部　　填报日期：2013 年 12 月 9 日　　单位：元

<table>
<tr><td>姓名</td><td colspan="2">潘少安</td><td colspan="2">职级</td><td colspan="2">工程师</td><td colspan="2">出差事由</td><td>开会</td><td>出差时间</td><td colspan="2">计划 5 天
实际 5 天</td><td rowspan="11">备注</td></tr>
<tr><td colspan="2">日期</td><td colspan="2">起止地点</td><td colspan="2">飞机、车、船票</td><td colspan="7">其 他 费 用</td></tr>
<tr><td>月</td><td>日</td><td>起</td><td>止</td><td>类别</td><td>金额</td><td colspan="3">项 目</td><td>标准</td><td>计算天数</td><td colspan="2">核报金额</td></tr>
<tr><td>12</td><td>2</td><td>涟源</td><td>南宁</td><td>火车</td><td>320.00</td><td rowspan="2">住宿费</td><td colspan="2">包干报销</td><td>120.00</td><td>5</td><td colspan="2">600.00</td></tr>
<tr><td>12</td><td>6</td><td>南宁</td><td>涟源</td><td>火车</td><td>320.00</td><td colspan="2">限额报销</td><td></td><td></td><td colspan="2"></td></tr>
<tr><td></td><td></td><td></td><td></td><td></td><td></td><td colspan="3">伙食补助费</td><td></td><td></td><td colspan="2"></td></tr>
<tr><td></td><td></td><td></td><td></td><td></td><td></td><td colspan="3">车、船补助费</td><td></td><td></td><td colspan="2"></td></tr>
<tr><td></td><td></td><td></td><td></td><td></td><td></td><td colspan="3">其 他 杂 支</td><td></td><td></td><td colspan="2"></td></tr>
<tr><td colspan="5">小 计</td><td>640.00</td><td colspan="5">小 计</td><td colspan="2">600.00</td></tr>
<tr><td colspan="2">总计金额</td><td colspan="4">⊗万壹仟贰佰肆拾元整</td><td colspan="7">预支 1 000.00 核销 1 240.00 退补 240.00</td></tr>
</table>

主管：黄振华　　部门：　　审核：李静　　填报人：潘少安

Z-13-2

湘中宏源制造有限公司内部付款凭单

2013 年 12 月 9 日　　编号：______

领 款 人	潘少安
付款用途	补付差旅费
金　　额	人民币(大写)：贰佰肆拾元整　　现金付讫
备　　注	

财务负责人：李静　　出纳：王琳　　领款人签名：潘少安

Z-14-1

投资协议书(摘要)

甲方:湘中宏源制造有限公司

乙方:华安水泥制造有限公司

甲乙双方经友好协商,就投资事宜,达成如下协议:

……

三、出资方式及占股比例

1. 甲方以货币资金 50 万元向乙方投资,获得乙方 10% 的股份,对乙方的财务和经营政策无重大影响。

2. 甲方必须在 2013 年 12 月 10 日前向乙方出资。

四、本协议自双方签字之日起生效。一式二份,各方各执一份,以便共同遵守。若一方违约,按有关条款处理。

甲方:湘中宏源制造有限公司　　乙方:华安水泥制造有限公司

甲方代表:黄振华　　乙方代表:陈宇航

(印章:湘中宏源制造有限公司 合同专用章)　(印章:华安水泥制造有限公司 合同专用章)

签订日期:2013 年 12 月 9 日

Z-14-2

中国工商银行
转账支票存根

Ⅻ 02950026

附加信息

出票日期 2013 年 12 月 9 日

收款人:华安水泥制造有限公司
金　额:¥500 000.00
用　途:投资款
备　注:

单位主管　　　会计

Z-15-1

中国工商银行汇票委托书(存根)

委托日期　2013年12月9日

收款人	江西萍乡有色金属公司		汇款人	湘中宏源制造有限公司								
账号或住址	1900560058940035145		账号或住址	1903019551012985321								
兑付地点	湖南省萍乡市		汇款用途	采购材料								
汇票金额	人民币(大写)	伍万伍仟元整		百	十	万	千	百	十	元	角	分
					¥	5	5	0	0	0	0	0
备注		科目										
		对方科目										
		财务主管	复核	经办								

此联由汇款人留存作记账凭证

Z-16-1

中华人民共和国 税收通用缴款书

地

隶属关系：　　　　(20061)湘地税缴：　№1556326

注册类型：有限公司　　填发日期：2013年12月9日　　征收机关：长沙地税局二分局

缴款单位(人)	代码	430302789022218	预算科目	编码	
	全称	湘中宏源制造有限公司		名称	股份制企业城市维护建设税
	开户银行	工行长沙市兴城支行		级次	市级
	账号	1903019551012985321	收款国库		市国库

税款所属时期　2013年11月1日—2013年11月30日　税款限缴日期　2013年12月10日

品目名称	课税数量	计税金额或销售收入	税率或单位税额	已缴或扣除额	实缴税额
增值税		192 340.00	7%		13 463.80
金额合计　(大写)壹万叁仟肆佰陆拾叁元捌角整					¥13 463.80
缴款单位(人)(盖章) 经办人(章)	税务机关(盖章) 填票人(盖章)	上列款项已收妥并划转收款单位账户 国库(银行)盖章 2013年12月9日			备注

第一联(收据)国库(银行)收款盖章后退缴款单位(人)作完税凭证

Z-16-2

中华人民共和国
税收通用缴款书

隶属关系：　　　　　　　　　　　　　　　　　　　　　　　(20061)湘地税缴：　№1556327

注册类型：有限公司　　　　填发日期：2013 年 12 月 9 日　　　　征收机关：长沙地税局二分局

缴款单位(人)	代码	430302789022218	预算科目	编码	
	全称	湘中宏源制造有限公司		名称	股份制企业教育费附加
	开户银行	工行长沙市兴城支行		级次	市级
	账号	1903019551012985321	收款国库		市国库
税款所属时期　2013 年 11 月 1 日—2013 年 11 月 30 日			税款限缴日期　2013 年 12 月 10 日		

品目名称	课税数量	计税金额或销售收入	税率或单位税额	已缴或扣除额	实缴税额
增值税		192 340.00	3%		5 770.20
金额合计	(大写)伍仟柒佰柒拾元贰角整				￥5 770.20

缴款单位(人)(盖章) 经办人(章)	税务机关(盖章) 填票人(盖章)	上列款项已收妥并划转收款单位账户 国库(银行)盖章　2013 年 12 月 9 日	备注

第一联（收据）国库（银行）收款盖章后退缴款单位（人）作完税凭证

Z-16-3

中华人民共和国
税收通用缴款书

隶属关系：　　　　　　　　　　　　　　　　　　　　(20061)湘地税缴：　№1556328

注册类型：有限公司　　　　填发日期：2013年12月9日　　　　征收机关：长沙地税局二分局

缴款单位(人)	代码	430302789022218	预算科目	编码	
	全称	湘中宏源制造有限公司		名称	股份制企业地方教育费附加
	开户银行	工行长沙市兴城支行		级次	市级
	账号	1903019551012985321	收款国库		市国库
税款所属时期 2013年11月1日—2013年11月30日			税款限缴日期 2013年12月10日		

品目名称	课税数量	计税金额或销售收入	税率或单位税额	已缴或扣除额	实缴税额
增值税		192 340.00	2%		3 846.80
金额合计	(大写)叁仟捌佰肆拾陆元捌角整				¥3 846.80

缴款单位(人)(盖章) 经办人(章)	税务机关(盖章) 填票人(盖章)	上列款项已收妥并划转收款单位账户 国库(银行)盖章 2013年12月9日	备注

湘中宏源制造有限公司 财务专用章　长沙地方税务局二分局 征税专用章　中国工商银行兴城支行 2013.12.9 业务章

第一联(收据)国库(银行)收款盖章后退缴款单位(人)作完税凭证

Z-16-4

中华人民共和国
税收通用缴款书

地

隶属关系：　　　　　　　　　　　　　　　　　　　　　　　(20061)湘地税缴：　№1556329

注册类型：有限公司　　　　　填发日期：2013年12月9日　　　　征收机关：长沙地税局二分局

缴款单位（人）	代码	430302789022218	预算科目	编码	
	全称	湘中宏源制造有限公司		名称	个人所得税
	开户银行	工行长沙市兴城支行		级次	市级
	账号	1903019551012985321	收款国库		市国库
税款所属时期	2013年11月1日—2013年11月30日		税款限缴日期	2013年12月10日	

品目名称	课税数量	计税金额或销售收入	税率或单位税额	已缴或扣除额	实缴税额
工资薪金所得					2 137.80
金额合计	(大写)贰仟壹佰叁拾柒元捌角整				￥2 137.80

缴款单位（人）（盖章） 经办人（章）	税务机关（盖章） 填票人（盖章）	上列款项已收妥并划转收款单位账户 国库（银行）盖章　2013年12月9日	备注
湘中宏源制造有限公司 财务专用章	长沙地方税务局二分局 征税专用章	中国工商银行兴城支行 2013.12.9 业务章	

第一联（收据）国库（银行）收款盖章后退缴款单位（人）作完税凭证

Z-16-5

中华人民共和国
税收通用缴款书

隶属关系：　　　　　　　　　　　　　　　　　　　　　　　　(2006)湘国缴：№ 0056322

注册类型：有限公司　　　　填发日期：2013 年 12 月 9 日　　　　征收机关：长沙国税局二分局

缴款单位(人)	代码	430302789022218	预算科目	编码	
	全称	湘中宏源制造有限公司		名称	股份制企业增值税
	开户银行	工行长沙市兴城支行		级次	
	账号	1903019551012985321	收款国库		涟源市金库

税款所属时期　2013 年 11 月 1 日—2013 年 11 月 30 日			税款限缴日期　2013 年 12 月 10 日		
品目名称	课税数量	计税金额或销售收入	税率或单位税额	已缴或扣除额	实缴税额
货物或应税劳务		1 131 411.76	17%	3 000.00	189 340.00
金额合计	(大写)壹拾捌万玖仟叁佰肆拾元整				￥189 340.00
缴款单位(人)(盖章) 经办人(章)	税务机关(盖章) 填票人(盖章)	上列款项已收妥并划转收款单位账户 国库(银行)盖章　2013 年 12 月 9 日			备注

第一联(收据)国库(银行)收款盖章后退缴款单位(人)作完税凭证

Z-17-1

中国工商银行进账单(收账通知)　**3**

2013 年 12 月 10 日　　　　　　　　　　第　　号

收款人	全称	湘中宏源制造有限公司	付款人	全称	湖北水泥制造有限公司
	账号	1903019551012985321		账号	1902345762112371234
	开户银行	工行长沙市兴城支行		开户银行	工行汉阳营业部

人民币(大写)	壹拾万元整	百	十	万	千	百	十	元	角	分
		￥	1	0	0	0	0	0	0	0

票据种类	银行汇票	票据张数	1
票据号码			
单位主管　　会计　　复核　　记账			收款人开户行盖章 年　月　日

此联是银行交收款人的收账通知

Z-17-2

商业承兑汇票（存根）　3

01321450

出票日期
（大写）　　年　　月　　日

<table>
<tr><td rowspan="3">汇款人</td><td>全　称</td><td></td><td rowspan="3">收款人</td><td>全　称</td><td colspan="2"></td></tr>
<tr><td>账　号</td><td></td><td>账　号</td><td colspan="2"></td></tr>
<tr><td>开户银行</td><td></td><td>开户银行</td><td colspan="2"></td></tr>
<tr><td colspan="2">出票金额</td><td colspan="4">人民币
（大写）</td><td>千 百 十 万 千 百 十 元 角 分</td></tr>
<tr><td colspan="2">汇票到期日</td><td></td><td rowspan="2">付款人开户行</td><td>行号</td><td colspan="2"></td></tr>
<tr><td colspan="2">交易合同号码</td><td></td><td>地址</td><td colspan="2"></td></tr>
<tr><td colspan="3">备注：</td><td colspan="4"></td></tr>
</table>

此联由出票人存查

提示：余款填写商业承兑汇票（期限3个月）。

Z-17-3

43000451961

湖南省增值税专用发票

№ 00069679

此联不作报销、扣税凭证使用　开票日期：2013年12月10日

<table>
<tr><td>购货单位</td><td colspan="4">名　　称：湖北水泥制造有限公司
纳税人识别号：42105307213058
地 址 、电 话：武汉市汉阳路125号
开户行及账号：工行汉阳营业部
1902345762112371234</td><td>密码区</td><td colspan="2">2<9-7-615948<032/52　加密版本01
>9/29533-49741626<　43000451961
-41-6<7>2*-/>*>1　00069679</td></tr>
<tr><td colspan="2">货物或应税劳务名称</td><td>计量单位</td><td>数量</td><td>单价</td><td>金额</td><td>税率</td><td>税额</td></tr>
<tr><td colspan="2">球磨机</td><td>台</td><td>1</td><td>160 000</td><td>160 000.00</td><td>17%</td><td>27 200.00</td></tr>
<tr><td colspan="2">和泥机</td><td>台</td><td>2</td><td>30 000</td><td>60 000.00</td><td>17%</td><td>10 200.00</td></tr>
<tr><td colspan="2">合　计</td><td></td><td></td><td></td><td>￥220 000.00</td><td></td><td>￥37 400.00</td></tr>
<tr><td colspan="2">价税合计（大写）</td><td colspan="3">贰拾伍万柒仟肆佰元整</td><td colspan="3">（小写）￥257 400.00</td></tr>
<tr><td>销货单位</td><td colspan="4">名　　称：湘中宏源制造有限公司
纳税人识别号：430302789022218
地 址 、电 话：长沙市八一路148号
开户行及账号：工行长沙市兴城支行
1903019551012985321</td><td>备注</td><td colspan="2">湘中宏源制造有限公司
430302789022218
发票专用章</td></tr>
</table>

第三联：记账联　销货方记账凭证

收款人：　　复核：　　开票人：胡红　　销货单位（章）

Z-17-4

产成品出库单

2013 年 12 月 10 日

领用单位：销售科　　　　№ 0011

产品名称	型号规格	单位	出库数量	单价	金额	备注
球磨机		台	1			
和泥机		台	2			

记账：　　保管：　　检验：　　制单：刘军

Z-18-1

54000452001　　**江西省增值税专用发票**　　№ 000458091

发票联

（印章：全国统一发票监制章 江西 国家税务总局监制）

开票日期：2013 年 12 月 10 日

购货单位	名　　称：湘中宏源制造有限公司 纳税人识别号：430302789022218 地 址、电 话：长沙市八一路 148 号 开户行及账号：工行长沙市兴城支行 1903019551012985321			密码区	029-1<9-7-6009620 1<032/52>9/29531-4974 1626<8-3024>80941-2 -14-6<7>2*-/>*>1	加密版本 01 54000452001 000458091

货物或应税劳务名称	计量单位	数量	单价	金额	税率	税额
减速机 (Y132S-4-5.5 kW)	台	10	978.00	9 780.00	17%	1 662.60
大齿轮(ZD70)	件	7	5 150.00	36 050.00	17%	6 128.50
合　计				¥45 830.00		¥7 791.10
价税合计(大写)	伍万叁仟陆佰贰拾壹元壹角整			(小写)¥53 621.10		

销货单位	名　　称：江西萍乡有色金属公司 纳税人识别号：55222451287888 地 址、电 话：人民路 14 号 开户行及账号：工行萍乡支行 1900560058940035145	备注	（印章：江西萍乡有色金属公司 55222451287888 发票专用章）

收款人：　　复核：　　开票人：刘高　　销货单位(章)

第二联：发票联　购货方记账凭证

Z-18-2

5500452045　　　货物运输业增值税专用发票　　　№ 00022254

发票联

5500452045
00022254

开票日期:2013 年 4 月 2 日

承运人及纳税人识别号	江西萍乡市联运公司 280090338653701	密码区	0258789//*5*<478<19<82/2845>2*-45 7894*15<12/56+45+26>>12345879-/1+ <3/3+215610-/75/23/98741563<26-12 56//015-50124879-145124569<26/*12
实际受票方及纳税人识别号	湘中宏源制造有限公司 430302789022218		
收货人及纳税人识别号	湘中宏源制造有限公司 430302789022218	发货人及纳税人识别号	江西萍乡有色金属公司 55222451287888
起运地、经由、到达地			
费用项目及金额	费用项目　金额　费用项目　金额 运输　3 000.00	运输货物信息	
合计金额 ¥3 000.00	税率 11%	税额 ¥330.00	机器编号 009800199112
价税合计(大写)	叁仟叁佰叁拾元整	(小写)¥3 330.00	
车种车号	车船吨位	备注	江西萍乡市联运公司 280090338653701 发票专用章
主管税务机关及代码	萍乡市宝山区地税局 0235037030		

收款人:　　　复核:　　　开票人:李昌　　　承运人:(章)

第三联:发票联　受票方记账凭证

Z-18-3

材料运杂费分摊表

2013 年 12 月 10 日

材料名称	分配标准(金额)	分配率	分配金额
减速机	9 780		
大齿轮	36 050		
合计	45 830		

制表:张洁

提示:填写运杂费分配表。

Z-18-4

收　料　单

材料科目:原材料　　　　　　　　　　编　　号:1183
材料类别:原料及主要材料　　　　　　收料仓库:1 号仓库
供应单位:江西萍乡有色金属公司　　2013 年 12 月 10 日　　发票号码:000458091

材料编号	材料名称	规格	计量单位	数量		实际价格			
				应收	实收	单价	发票金额	运费	合计
备注									

采购员:　　　检验员:　　　记账员:　　　保管员:

提示:填写收料单。

Z-18-5

中国工商银行

银行汇票（多余款收账通知） 4

Ⅲ 082147　第　号

出票日期（大写）	贰零壹叁 年 壹拾贰 月 零玖 日	代理付款行：工行长沙市兴城支行 行号：410
收款人：江西萍乡有色金属公司		账号：1900560058940035145
出票金额	人民币（大写）伍万伍仟元整	

实际结算金额	人民币（大写）	伍万肆仟陆佰贰拾壹元壹角整	千	百	十	万	千	百	十	元	角	分
					¥	5	4	6	2	1	1	0

申请人：湘中宏源制造有限公司　账号或住址：1903019551012985321

出票行：工行长沙市兴城支行

行　号：

备　注：货款

出票行签章

多余金额										科目（借） 对方科目（贷） 兑付日期：2013 年 12 月 10 日
千	百	十	万	千	百	十	元	角	分	复核　　记账
				¥	3	7	8	9	0	

此联出票行结清后交汇款人

Z-19-1

长沙市证券公司

证券成交过户交割单

（卖）

客户账号	B 03388776655	成交证券类别	公司股票
电脑编号	108724	成交证券名称	正和股份
客户名称	湘中宏源制造有限公司	成交数量	100 000（股）
申报编号	004058	成交价格	4.50
申报时间	2013 年 12 月 10 日	成交金额	450 000
成交时间	2013 年 12 月 10 日	佣金	900.00
		印花税	1 350.00
上次余额	100 000（股）	应收金额	447 750.00
本次成交	100 000（股）	附加费用	0
本次余额	0（股）	实收金额	447 750.00

经办单位　南方营业部（章）　　客户签章　湘中宏源制造有限公司（章）

Z-20-1

中国工商银行信汇凭证（回单）　1

委托日期　2013 年 12 月 10 日　　No. 000612

<table>
<tr><td rowspan="4">汇款人</td><td>全　称</td><td>湘中宏源制造有限公司</td><td rowspan="4">收款人</td><td>全　称</td><td colspan="10">涟源钢铁股份有限公司</td></tr>
<tr><td>账　号</td><td>1903019551012985321</td><td>账　号</td><td colspan="10">1913010109601099805</td></tr>
<tr><td>汇出地点</td><td>湖南省长沙市/县</td><td>汇入地点</td><td colspan="10">湖南省娄底市/县</td></tr>
<tr><td>汇出行名称</td><td>工行长沙市兴城支行</td><td>汇入行名称</td><td colspan="10">工行涟钢红叶支行</td></tr>
<tr><td rowspan="2">金额</td><td colspan="4" rowspan="2">人民币（大写）伍拾陆万叁仟叁佰玖拾壹元整</td><td>千</td><td>百</td><td>十</td><td>万</td><td>千</td><td>百</td><td>十</td><td>元</td><td>角</td><td>分</td></tr>
<tr><td></td><td>¥</td><td>5</td><td>6</td><td>3</td><td>3</td><td>9</td><td>1</td><td>0</td><td>0</td></tr>
<tr><td colspan="3">归还货款
中国工商银行兴城支行 2013.12.10 业务章
汇出行签章</td><td colspan="12">支付密码
附加信息及用途：
复核　　记账</td></tr>
</table>

此联是汇出行给汇款人的回单

Z-21-1

中国工商银行
转账支票存根

Ⅻ 02950027

附加信息

出票日期 2013 年 12 月 11 日

收款人：湘中宏源制造有限公司职工工资户
金　额：¥218 551.60
用　途：支付工资
备　注：

单位主管　　会计

Z-21-2

工资结算汇总表

2013 年 12 月 11 日

部门		基本工资	其他工资	应扣病事假工资	应付工资	代发款	合计	代扣款项							实发工资
						独生子女补贴		养老费	住房金	医疗费	失业费	工会会费	个人所得税	合计	
铸造车间	生产工人	26 834.00	28 667.34	1 489.76	54 011.58	77.50	54 089.08	3 296.10	3 845.45	1 098.07	549.35	270.06	294.58	9 354.24	44 734.84
	管理人员	2 281.00	2 357.94		4 638.94	5.00	4 643.94	268.10	312.78	89.37	44.68	23.19	37.95	776.07	3 867.87
	小计	29 115.00	31 025.28	1 489.76	58 650.52	82.50	58 733.02	3 564.20	4 158.23	1 188.07	594.03	293.25	332.53	10 130.31	48 602.71
机加工车间	生产工人	38 752.00	42 518.67	1 104.00	80 166.67	107.50	80 274.17	4 970.55	5 798.98	1 656.85	828.43	400.83	810.32	14 465.96	65 808.21
	管理人员	3 159.00	3 247.20		6 406.20	7.50	6 413.70	394.10	459.78	131.37	65.68	32.03	78.30	1 161.26	5 252.44
	小计	41 911.00	45 765.87	1 104.00	86 572.87	115.00	86 687.87	5 364.65	6 258.76	1 788.22	894.11	432.86	888.62	15 627.22	71 060.65
装配车间	生产工人	24 753.00	28 202.12	1 228.80	51 726.32	75.00	51 801.32	3 156.80	3 682.93	1 052.27	526.13	258.63	236.32	8 913.08	42 888.24
	管理人员	2 128.00	2 285.41	183.80	4 229.61	7.50	4 237.11	238.70	278.48	79.57	39.78	21.15	23.48	681.16	3 555.95
	小计	26 881.00	30 487.53	1 412.60	55 955.93	82.50	56 038.43	3 395.50	3 961.41	1 131.84	565.91	279.78	259.80	9 594.24	46 444.19
行政管理人员		31 008.00	33 312.68		64 320.68	95.00	64 415.68	4 125.74	4 813.37	1 375.23	687.63	321.61	648.05	11 971.63	52 444.05
合计		128 915.00	140 591.36	4 006.36	265 500.00	375.00	265 875.00	16 450.09	19 191.77	5 483.36	2 741.68	1 327.50	2 129.00	47 323.40	218 551.60

Z-22-1

收 据

2013 年 12 月 11 日　　第 6 号

今收到									
人民币(大写):壹仟叁佰贰拾柒元伍角整		十	万	千	百	十	元	角	分
			¥	1	3	2	7	5	0
事由: 交来 12 月份职工工会会费	现金								
	支票 √	号							
收款单位		财务负责人	李静	收款人	刘红				

第三联 记账联

财务专用章

转账收讫

Z-22-2

中国工商银行
转账支票存根

Ⅻ 02950028

附加信息

出票日期 2013 年 12 月 11 日

收款人:湘中宏源制造有限公司工会
金　额:¥1 327.50
用　途:划转代扣工会会费
备　注:

单位主管　　会计

Z-23-1

商业承兑汇票(存根) 3

01321450

出票日期(大写) 贰零壹叁 年 壹拾壹 月 壹拾叁 日

付款人	全称	湘中宏源制造有限公司	收款人	全称	株洲五江建材有限公司
	账号	1903019551012985321		账号	1903560058940035145
	开户银行	工行长沙市兴城支行		开户银行	工行株洲市支行
出票金额		人民币(大写) 叁拾万元整		千百十万千百十元角分	¥30000000
汇票到期日		贰零壹叁年壹拾贰月壹拾叁日	付款人开户行	行号	4589
交易合同号码		122365		地址	
备注:					

此联由出票人存查

提示:汇票到期。

Z-23-2

委收号码:

委邮

委托收款凭证(付款通知) 5

委托日期:2013 年 12 月 13 日 付款日期 2013 年 12 月 13 日

付款人	全称	湘中宏源制造有限公司	收款人	全称	株洲五江建材有限公司		
	账号或地址	1903019551012985321		账号或地址	1903560058940035145		
	开户银行	工行长沙市兴城支行		开户银行	工行株洲市支行	行号	267
委收金额	人民币(大写) 叁拾万元整			千百十万千百十元角分	¥30000000		
款项内容	货款	委托收款凭据名称	商业承兑汇票	附寄单证张数			
备注		付款人注意:1. 应于见票当日通知开户银行划款。 2. 如需拒付,应在规定期限内,将拒付理由书并附债务证明交退开户银行。					

此联是付款人开户银行给付款人按期付款的通知

单位主管: 会计: 复核: 记账: 付款人开户银行盖章 年 月 日

(印章:中国工商银行兴城支行 2013.12.13 业务章)

Z-24-1

行政拨交工会经费缴款书

缴款单位电话：　　　　缴款日期：2013 年 12 月 13 日　　　　字第　　号

所属月份	12	职工人数	250	本月工资总额	265 500	按 2%应拨交经费	￥5 310.00

收入基层工会工会经费户		上解上级工会工会经费户		缴款单位	
户名	湘中宏源制造有限公司工会	户名	长沙市总工会	户名	湘中宏源制造有限公司
账号	1903011092283853353	账号	1901011092283840000	账号	1903019551012985321
开户行	工行湘府路支行	开户行	工行长沙市河西支行	开户行	工行长沙市兴城支行

比例	万	千	百	十	元	角	分	比例	万	千	百	十	元	角	分	合计	万	千	百	十	元	角	分
60%	￥	3	1	8	6	0	0	40%	￥	2	1	2	4	0	0		￥	5	3	1	0	0	0

合计金额（人民币大写）伍仟叁佰壹拾元整

缴款单位盖章： （湘中宏源制造有限公司 财务专用章） 2013 年 12 月 13 日	工会委员会盖章： （湘中宏源制造有限公司工会 财务专用章） 2013 年 12 月 13 日	上列款项已划转有关工会账户 （中国工商银行兴城支行 2013.12.13 业务章） 银行盖章

第一联由银行退缴款单位作回单

Z-25-1

中国工商银行

转账支票存根

Ⅻ 02950029

附加信息

出票日期 2013 年 12 月 14 日

收款人：长沙市住房公积金管理中心
金　额：￥49 191.77
用　途：缴付职工住房公积金
备　注：

单位主管　　　　会计

Z-25-2

长沙市公积金汇缴书

2013 年 12 月 14 日

单位名称	湘中宏源制造有限公司	汇缴:2013 年 12 月
公积金账号	0078911100	补缴：　人数　人

缴交金额(大写)肆万玖仟壹佰玖拾壹元柒角柒分

十	万	千	百	十	元	角	分
¥	4	9	1	9	1	7	7

上月汇缴		本月增加汇缴		本月减少汇缴		本月汇缴	
人数	金额	人数	金额	人数	金额	人数	金额
						250	49 191.77

付款行	付款账号	支票号码
工行	190301955101298 5321	02950029

备注:单位部分 30 000 元,个人部分 19 191.77 元。

中国工商银行兴城支行 2013.12.14 业务章　银行盖章

第一联银行盖章后交单位记账

Z-26-1

湖南省学校学杂费专用收据

单位地址:新民路 22 号
单位电话:88701245

收费许可证编号 No. 00327
收款日期 2013 年 12 月 15 日

No. 0001147

所在班级										
缴费人	张洁、陆军	金　额								
收费项目	会计人员继续教育培训	百	十	万	千	百	十	元	角	分
学杂费					¥	3	0	0	0	0
食宿费										
自费生学费										
委培费										
合计金额					¥	3	0	0	0	0
人民币(大写)	叁佰元整									
备　注										

长沙英才会计学校 财务专用章

收款单位(财务公章)　　收款人:张灵芝

Z-26-2

湘中宏源制造有限公司内部付款凭单

2013 年 12 月 15 日　　　　编号：______

领款人	张洁、陆军
付款用途	2013 年会计人员继续教育培训
金　额	人民币(大写)：叁佰元整
备　注	现金付讫

财务负责人：李静　　出纳：王琳　　领款人签名：张洁、陆军

Z-27-1

中国工商银行信汇凭证(回单)　1

委托日期：2013 年 12 月 16 日　　No. 00461

汇款人	全　称	湘中宏源制造有限公司	收款人	全　称	宝山钢铁股份有限公司
	账　号	1903019551012985321		账　号	0202002145099980561
	汇出地点	湖南省长沙市/县		汇入地点	湖南省上海市/县
	汇出行名称	工行长沙市兴城支行		汇入行名称	工行宝钢支行

金额	人民币(大写)叁万元整	千	百	十	万	千	百	十	元	角	分
				¥	3	0	0	0	0	0	0

预付款 中国工商银行兴城支行 2013.12.16 业务章 汇出行签章	支付密码 附加信息及用途： 复核　　记账

此联是汇出行给汇款人的回单

Z-28-1

湖南省社会保险基金收款收据

湘财（2010）　№ 00078145
通字

交款单位：湘中宏源制造有限公司　　　　2013 年 12 月 16 日

收入项目	人　数	单位缴纳	个人缴纳	滞纳金	金　额
社会保险费	250	84 500.00	24 675.13		109 175.13
合计金额（大写）	壹拾万玖仟壹佰柒拾伍元壹角叁分				￥109 175.13
备注					

收款单位（财务专用章）　　财务主管：　　收款人：李平　　手工填写无效

长沙市企业职工社会保险处 财务专用章

Z-28-2

中国工商银行
转账支票存根
Ⅻ　02950030

附加信息

出票日期 2013 年 12 月 16 日

收款人：长沙市企业职工社会保险处
金　额：￥109 175.13
用　途：缴付社会保险费
备　注：

单位主管　　会计

Z-28-3

2013 年 12 月市管参保单位社会保险缴费通知单

缴费方式：单位自缴　　　　单据号码：A0100708000010089

统一征缴编码		单位名称	湘中宏源制造有限公司				
单位开户行	工行长沙市兴城支行	开户户名	湘中宏源制造有限公司		银行账号	1903019551012985321	
征收机构开户行	建行新星支行	开户户名	长沙市企业职工社会保险处		银行账号	1903004589621304789	
		小　计	基本养老保险	失业保险	基本医疗保险	生育保险	工伤保险
缴费人数（人）	本月在职	250					
	增加						
	减少						
	本月离退						
本月应缴数据	（1）单位缴费基数（元）		250 000.00	250 000.00	250 000.00	250 000.00	250 000.00
	（2）单位缴费比例（%）		20%	2%	10%	1%	0.8%
	（3）单位缴费额（元）	84 500.00	50 000.00	5 000.00	25 000.00	2 500.00	2 000.00
	（4）个人缴费基数（元）						
	（5）个人缴费比例（%）						
	（6）个人缴费额（元）	24 675.13	16 450.09	2 741.68	5 483.36		
	（7）补收（退）金额（元）						
	（8）其他应缴额（元）						
	（9）抵扣应支付额（元）						
	（10）本月应缴合计（元）	109 175.13	66 450.09	7 741.68	30 483.36	2 500.00	2 000.00
（11）本月财政直接支付（元）							
（12）截至上月累计欠缴额（元）							
其中：本年欠缴额（元）							
其中：以前年度欠缴额（元）							
（13）指定预缴额（元）							
（14）滞纳金（元）							
（15）累计应缴基金总额（元）		109 175.13	66 450.09	7 741.68	30 483.36	2 500.00	2 000.00
累计应缴基金总额总计大写：壹拾万玖仟壹佰柒拾伍元壹角叁分						小写：￥109 175.13	

制表人：　　　　审核人：

长沙市社会保险费征缴办公室

制表时间：2013 年 12 月 16 日

Z-29-1

中国工商银行进账单(收账通知)　3

2013 年 12 月 17 日　　　　第 002 号

收款人	全　称	湘中宏源制造有限公司	付款人	全　称	长沙九龙有限公司
	账　号	1903019551012985321		账　号	1901002710401242332
	开户银行	工行长沙市兴城支行		开户银行	建行新中路支行
人民币(大写)		伍仟捌佰伍拾元整		百 十 万 千 百 十 元 角 分	￥ 5 8 5 0 0 0
票据种类		转账支票	票据张数	1	收款人开户银行盖章
票据号码					2013 年 12 月 17 日
单位主管	会计	复核	记账		

此联是银行交收款人的收账通知

（印章：中国工商银行兴城支行 2013.12.17 业务章）

Z-29-2

43000451962

湖南省增值税专用发票

№ 00069680

此联不作报销、扣税凭证使用　　开票日期:2013 年 12 月 16 日

购货单位	名　称:长沙九龙有限公司 纳税人识别号:431228906352889 地 址 、电 话:长沙市天心区新中路 6 号 开户行及账号:建行新中路支行 1901002710401242332			密码区	41－1<4－7－61*//7< 032/52>9/29533－4974 1626<－40－6<7>2*－1	加密版本 01 43000451962 00069680
货物或应税劳务名称	计量单位	数量	单　价	金　额	税率	税　额
炼钢生铁	吨	2	2 500.00	5 000.00	17%	850.00
合　计				￥5 000.00		￥850.00
价税合计(大写)	伍仟捌佰伍拾元整			(小写)￥5 850.00		
销货单位	名　称:湘中宏源制造有限公司 纳税人识别号:430302789022218 地 址 、电 话:长沙市八一路 148 号 开户行及账号:工行长沙市兴城支行 1903019551012985321			备注	（印章：湘中宏源制造有限公司 430302789022218 发票专用章）	

第三联：记账联　销货方记账凭证

收款人:　　复核:　　开票人:胡红　　销货单位(章)

Z-30-1

材料出库单

领用单位：销售科　　2013 年 12 月 17 日　　№ 004

产品名称	型号规格	单　位	出库数量	单　价	金　额	备　注
炼钢生铁		吨	2			

记账：　　保管：　　检验：　　制单：

Z-31-1

湘中宏源制造有限公司设备报废申请单

2013 年 12 月 18 日

设备名称	钻　床	预计使用年限	10 年	已使用年限	6 年
设备编号		原值	29 325.00	已提折旧	13 961.60
使用部门	机加工车间	折余价值	15 363.40	预计残值	
报废原因	主要部件已磨损	技术部门意见	设备陈旧，建议报废。　刘阳		
报废处理建议	送废品公司回收	设备部门意见	同意报废　王永强		
企业领导意见	同意　黄振华	报废日期	2013 年 12 月 18 日		

经办部门：　　经办人：刘秀英

Z-32-1

长沙市天心废品回收公司

收购凭证

2013 年 12 月 18 日　　No. 0619545

货物名称	计量单位	数　量	单位价格	金额 万	千	百	十	元	角	分
废钢铁	千克	9 560	0.60		5	7	3	6	0	0
合计(大写)伍仟柒佰叁拾陆元整				¥	5	7	3	6	0	0

长沙天心废品回收公司
发票专用章

收购单位(盖章)　　制单：谢博

Z-32-2

中国工商银行进账单（收账通知）

3

2013 年 12 月 18 日　　　　第　　号

收款人	全　称	湘中宏源制造有限公司	付款人	全　称	长沙天心废品回收公司
	账　号	1903019551012985321		账　号	2236080030315879
	开户银行	工行长沙市兴城支行		开户银行	建行韶山路办事处
人民币（大写）		伍仟柒佰叁拾陆元整		百十万千百十元角分	¥573600
票据种类		转账支票			
票据张数		1			收款人开户行盖章 2013 年 12 月 18 日
单位主管　会计　复核　记账					

此联是银行交收款人的收账通知

（印章：中国工商银行兴城支行 2013.12.18 业务章）

Z-33-1

长沙市运输公司发票

No. 802115

单位名称：湘中宏源制造有限公司　　托运编号：09872　　2013 年 12 月 18 日

货物名称	数量	费用项目	每吨运费	万	千	百	十	元	角	分	结算方式	现金	√	委收
												支票		汇兑
钻床	一台	市内运费				1	2	5	0	0				
合计					¥	1	2	5	0	0				
	（大写）壹佰贰拾伍元整													

第二联 交付款单位

（印章：长沙市运输公司 发票专用章）

复核：王伟　　　　制单：姚量

Z-33-2

湘中宏源制造有限公司内部付款凭单

2013 年 12 月 18 日　　　　编号：

领款人	刘秀英
付款用途	付废钻床运费
金　额	人民币（大写）：壹佰贰拾伍元整
备　注	

现金付讫

财务负责人：李静　　　　出纳：王琳　　　　领款人签名：刘秀英

Z-34-1

固定资产清理损益计算表

2013 年 12 月 18 日

清理项目	钻　床	清理原因	报　废
固定资产清理借方发生额		固定资产清理贷方发生额	
清理支出内容	金　额	清理收入内容	金　额
固定资产净值	15 363.40	清理收入	5 736.00
清理支出	125.00		
借方合计	15 488.40	贷方合计	5 736.00
固定资产清理净损失金额：9 752.40			

Z-35-1

中国工商银行信汇凭证（收账通知）　4

委托日期 2013 年 12 月 18 日　　No. 0041014

汇款人	全　称	湖南娄底青山有限公司	收款人	全　称	湘中宏源制造有限公司
	账　号	1901426890652300110		账　号	1903019551012985321
	汇出地点	娄底市青山路 1 号		汇入地点	长沙市八一路 148 号
	汇出行名称	工行娄底青山办事处		汇入行名称	工行长沙市兴城支行
金额	人民币（大写）	捌万壹仟零捌拾元整		千 百 十 万 千 百 十 元 角 分	¥ 8 1 0 8 0 0 0
归还货款		中国工商银行娄底青山办事处 ★ 2013.12.18 ★ 业务清讫　汇出行签章	支付密码		
			附加信息及用途：		
			复核　记账		

此联是给收款人单位的收款通知或代取款收据

Z-36-1

湘中宏源制造有限公司职工生活困难补助申请单

编号：

部门	装配车间	姓名	陈军明	本人工资收入	1 585.00	家庭其他人员收入	2 560.00
补助原因	家里遭受水灾，造成家庭生活一时困难。 现金付讫					补助性质	临时补助
						申请金额	人民币壹仟元整
部门意见	建议临时补助壹仟元整。 陈春 2013 年 12 月 18 日	公司工会意见	同意。张惠明 2013 年 12 月 18 日			代收据	今收到困难补助费人民币壹仟元整。 领款人：陈军明 2013 年 12 月 18 日

Z-37-1

委收号码：

委邮

委 托 收 款 凭证(付款通知) 5

委托日期：2013 年 12 月 18 日　付款日期 2013 年 12 月 18 日

付款人	全称	湘中宏源制造有限公司	收款人	全称	长沙市电信公司		
	账号或地址	1903019551012985321		账号或地址	1903201710403565231		
	开户银行	工行长沙市兴城支行		开户银行	工行远大支行	行号	26568
委收金额	人民币(大写)	肆仟陆佰伍拾肆元整			千 百 十 万 千 百 十 元 角 分		
					¥ 4 6 5 4 0 0		
款项内容	12 月份电话费	委托收款凭据名称	电信业务专业发票	附寄单证张数	1		
备注			付款人注意：1. 应于见票当日通知开户银行划款。 2. 如需拒付，应在规定期限内，将拒付理由书并附债务证明交退开户银行。				

中国工商银行兴城支行 2013.12.18 业务章

此联是付款人开户银行给付款人按期付款的通知

单位主管：　会计：　复核：　记账：　付款人开户银行盖章　年　月　日

Z-37-2

湖南省电信有限公司长沙市分公司电信业专业发票

发票联

湖南省

发票代码 012459631256

发票号码 23560014

全国统一发票监制章 湖南省地方税务总局监制

序号：201400145123　　日期：20[illegible]月18日

号码：0731—88701245、88701288				业务种类	
用户名称：湘中宏源制造有限公司					备注：
项　目	金　额	项　目	金　额		
月租费	400.00				
市话费	1 258.80				
长话费	2 995.20				
其他费	180.00				
大写金额	肆仟陆佰伍拾肆元整		小写金额	¥4 654.00	
说明	1. 本发票仅限于中国电信各类电信业务。 2. 本发票手工填制无效。 3. 本发票使用到2013年底，过期作废。				

Z-38-1

中国工商银行进账单（收账通知）

3

2013年12月20日　　第　　号

收款人	全　称	湘中宏源制造有限公司	付款人	全　称	长沙光明公司营业部								
	账　号	1903019551012985321		账　号	1903002710401242300								
	开户银行	工行长沙市兴城支行		开户银行	工行新中路支行								
人民币（大写）		壹万捌仟元整			百	十	万	千	百	十	元	角	分
						¥	1	8	0	0	0	0	0
票据种类		转账支票	票据张数	1									
票据号码					收款人开户行盖章 2013年12月20日								
单位主管　会计　复核　记账													

此联是银行交收款人的收账通知

中国工商银行兴城支行 2013.12.20 业务章

Z-38-2

收 据

2013年12月20日　　　　第2号

今收到:长沙光明公司营业部									
人民币(大写):壹万捌仟元整		十	万	千	百	十	元	角	分
		¥	1	8	0	0	0	0	0
事由:2013年12月份房屋租金	现金								
转账收讫	支票	√		号					
收款单位	湘中宏源制造有限公司	财务负责人	李静	收款人	王琳				

第三联 记账联

Z-39-1

电子汇划付(收)款补充报告单

№ 00021414

币种:人民币　　　　流水号:000178

付款人	全 称	郑州长风水泥制造公司	收款人	全 称	湘中宏源制造有限公司					
	账 号	516500209619805222		账 号	190301955101298532 1					
	开户银行	工行伏天支行		开户银行	工行长沙市兴城支行					
人民币(大写)	贰拾万元整		千	百	十	万	千	百	十	元	角	分
				¥	2	0	0	0	0	0	0	0
用 途	预付款									
备注:			收款人开户行盖章							

中国工商银行兴城支行 2013.12.20 业务章

此联是收款人开户行交给收款人的收账通知

Z-40-1

上海市增值税专用发票

发票联

02042053734　　　　　　　　　　　　　　№ 000246595

开票日期:2013 年 12 月 20 日

<table>
<tr><td rowspan="4">购货单位</td><td colspan="3">名　　称:湘中宏源制造有限公司
纳税人识别号:430302789022218
地 址 、电 话:长沙市八一路 148 号
开户行及账号:工行长沙市兴城支行
1903019551012985321</td><td>密码区</td><td colspan="3">3024>841—216<8—3241
—12*—/>*>1—49742>　加密版本 01
9/291<4—5964527<　02042053734
032/5—40—6<7　000246595</td></tr>
</table>

货物或应税劳务名称	计量单位	数量	单价	金　额	税率	税　额
铸造生铁	吨	10	3 510	35 100.00	17%	5 967.00
合　计				¥35 100.00		¥5 967.00
价税合计(大写)	肆万壹仟零佰陆拾柒元整			(小写)¥41 067.00		

<table>
<tr><td>销货单位</td><td>名　　称:宝山钢铁股份有限公司
纳税人识别号:430679425900067
地 址 、电 话:上海市宝山路 2 号
开户行及账号:工行宝钢支行
020200214509980561</td><td>备注</td><td></td></tr>
</table>

宝山钢铁股份有限公司 4306794 25900067 发票专用章

复核:　　　　　　　　开票人:杨梅　　　　　　　　销货单位(章)

第二联:发票联　购货方记账凭证

Z-40-2

货物运输业增值税专用发票

发票联

№ 00254211

4300012201
00254211

开票日期:2013 年 12 月 10 日

承运人及纳税人识别号	上海鑫星运输有限公司 280090338653701	密码区	89417＊1/1485＊<478//12<9<82＋＋2845> 2-457894＊1577<1256＋45＋26>>1234587 9-/1＋<3/3＋215610-/75/23/98741563< //012<4561/-2-3＊1245689<>01-08＋12
实际受票方及纳税人识别号	湘中宏源制造有限公司 430302789022218		
收货人及纳税人识别号	湘中宏源制造有限公司 430302789022218	发货人及纳税人识别号	宝钢股份有限公司 430679425900067
起运地、经由、到达地			

费用项目及金额	费用项目	金额	费用项目	金额	运输货物信息	
	运输	1 500.00				

合计金额	￥1 500.00	税率	11%	税额	￥165.00	机器编号	789800099188
价税合计(大写)	壹仟陆佰陆拾伍元整			(小写)￥1 665.00			

车种车号		车船吨位		备注
主管税务机关及代码	上海市宝山区地税局 0235037030			上海鑫星运输有限公司 280090338653701 发票专用章

收款人:　　　　复核:　　　　开票人:曾小玉　　　　承运人:(章)

第三联:发票联　受票方记账凭证

Z-40-3

收　料　单

材料科目：材料　　　　　　　　　　　　　　　　　　编　　号：1184

材料类别：原料及主要材料　　　　　　　　　　　　　收料仓库：1号仓库

供应单位：宝山钢股份有限公司　　　2013年12月20日　　　发票号码：000246595

材料编号	材料名称	规格	计量单位	数量		实际价格			
				应收	实收	单价	发票金额	运费	合计
	铸造生铁		吨	10	10	3 603.00	35 100.00	1 500.00	36 600.00
备注									

采购员：　　　　检验员：　　　　记账员：　　　　保管员：

Z-41-1

中国工商银行放款利息通知单（代付出传票）

2013年12月21日　　　　No. 10254226

户名	湘中宏源制造有限公司	账户	1903019551012985321						
利息计算时间	2013.9.21—2013.12.20								
利息金额	人民币（大写）：肆万陆仟陆佰捌拾柒元伍角整	万	千	百	十	元	角	分	
		¥	4	6	6	8	7	5	0
上列利息已从你单位账户扣付	科目： 转账： 复核：　　记账：　　制单：								

备注：该借款系用于生产经营资金周转的短期借款，上两个月已计提利息31 125元。

Z-42-1

中国工商银行贷款还款凭证

贷款种类：短期借款　　　2013年12月21日　　　第014号

还款单位	名称	湘中宏源制造有限公司		
	付款账号	1903019551012985321	贷款账号	2914587921032566681
	开户银行	工行长沙市兴城支行	开户银行	
本次偿还金额		人民币（大写）贰佰伍拾万元整	亿 千 百 十 万 千 百 十 元 角 分	
摘要：			累计还款	¥ 2 5 0 0 0 0 0 0 0
上述借款额请从本单位往来户中支付 （还款单位盖章） 2013年12月21日			（银行部门盖章） 2013年12月21日	

Z-43-1

中国工商银行邮、电、手续费凭证(付出传票)

日期:2013 年 12 月 23 日

交款单位:湘中宏源制造有限公司				信汇笔数　电汇笔数
账　号:19030195510129853 21				异地托收笔数　(邮)　(电)
邮费 22.00	电费 181.00	手续费 80.00	合计 283.00	中国工商银行兴城支行 收款银行盖章 年　月　日 2013.12.23 业务章
合计金额	人民币(大写)　贰佰捌拾叁元整			

单位主管:　　会计:　　复核:　　记账:

Z-44-1

43000451963　　**湖南省增值税专用发票**　　№ 00069681

此联不作报销、扣税凭证使用　　开票日期:2013 年 12 月 23 日

购货单位	名　称:郑州长风水泥制造公司 纳税人识别号:481328906352147 地 址 、电 话:郑州市西安路 45 号 开户行及账号:工行伏天支行 516500209619805222			密码区	241<9-7-6<032/52> 9/29533-49741626<- 41-6<7>2*-/>	加密版本 01 43000451963 00069681
货物或应税劳务名称	计量单位	数量	单价	金　额	税率	税　额
球磨机	台	1	160 000	160 000.00	17%	27 200.00
和泥机	台	1	30 000	30 000.00	17%	5 100.00
合　计				¥190 000.00		¥32 300.00
价税合计(大写)	贰拾贰万贰仟叁佰元整			(小写)　¥222 300.00		
销货单位	名　称:湘中宏源制造有限公司 纳税人识别号:430302789022218 地 址 、电 话:长沙市八一路 148 号 开户行及账号:工行长沙市兴城支行 19030195510129853 21			备注	湘中宏源制造有限公司 430302789022218 发票专用章	

第三联:记账联　销货方记账凭证

收款人:　　复核:　　开票人:胡红　　销货单位(章)

Z-44-2

产成品出库单

2013 年 12 月 23 日

领用单位：销售科　　　　№ 0012

产品名称	型号规格	单位	出库数量	单价	金额	备注
球磨机		台	1			
和泥机		台	1			

记账：　　保管：　　检验：　　制单：刘军

Z-45-1

中国工商银行信汇凭证(收账通知)

4

委托日期 2013 年 12 月 24 日　　№ 0041014

汇款人	全称	长沙市宏达股份公司	收款人	全称	湘中宏源制造有限公司
	账号	1903010109024569896		账号	1903019551012985321
	汇出地点	长沙市青山路 1 号		汇入地点	长沙市八一路 148 号
	汇出行名称	建行长沙市长青支行		汇入行名称	工行长沙市兴城支行

金额	人民币(大写) 捌万元整	千	百	十	万	千	百	十	元	角	分
				¥	8	0	0	0	0	0	0

归还货款

支付密码

汇出行签章

中国建设银行长青支行 2013.12.24 业务章

中国建设银行长青支行 2013.12.24 转讫

此联是给收款人单位的收款通知或代取款收据

Z-46-1

43100452055

湖南省增值税专用发票

发票联

№ 00025869

开票日期:2013 年 12 月 24 日

购货单位	名　　称:湘中宏源制造有限公司 纳税人识别号:430302789022218 地 址 、电 话:长沙市八一路 148 号 开户行及账号:工行长沙市兴城支行 1903019551012985321	密码区	08－1<9－7－6159200 8<032/52>9/29531－4974　加密版本 01 1626<8－3024>80906－2　43100452055 －18－6<7>2*－/>　00025869			
货物或应税劳务名称	计量单位	数量	单　价	金　额	税率	税　额
水	吨	7 806.5	2.00	15 613.00	13%	2 029.69
合　计				￥15 613.00		￥2 029.69
价税合计(大写)	壹万柒仟陆佰肆拾贰元陆角玖分					
销货单位	名　　称:长沙市自来水公司 纳税人识别号:431382906353215 地 址 、电 话:长沙市城南路 55 号 开户行及账号:工行长沙城南分理处 1902100800303105470	备注	长沙市自来水公司 431382906353215 水费结算章			

收款人:　　　　复核:　　　　开票人:苏芳　　　　销货单位(章)

第二联:发票联　购货方记账凭证

Z-46-2

委收号码:

委邮

委托收款凭证(付款通知)　**5**

委托日期:2013 年 12 月 24 日　　付款日期 2013 年 12 月 24 日

业务类型		委托收款(□邮划,□电划)　托收承付(□邮划,□电划)														
付款人	全　称	湘中宏源制造有限公司	收款人	全　称	长沙市自来水公司											
	账号或地址	1903019551012985321		账号或地址	1902100800303105470											
	开户银行	工行长沙市兴城支行		开户银行	工行城南分理处	行号	255									
金额	人民币(大写)	壹万柒仟陆佰肆拾贰元陆角玖分				千	百	十	万	千	百	十	元	角	分	
								￥	1	7	6	4	2	6	9	
款项内容	水费	委托收款凭据名称	增值税专用发票	附寄单证张数	2											
备注			付款人注意:1. 应于见票当日通知开户银行划款。 2. 如需拒付,应在规定期限内,将拒付理由书并附债务证明交退开户银行。													

中国工商银行兴城支行 2013.12.24 业务章

单位主管:　　会计:　　复核:　　记账:　　付款人开户银行盖章　　年　月　日

此联是付款人开户银行给付款人按期付款的通知

Z-46-3

外购水费分配表

2013 年 12 月 24 日

部　门	生产用水			其他用水			合计	
	数量	分配率	金额	数量	分配率	金额	数量	金额
铸造车间				2 000	2	4 000	2 000	4 000
机加工车间				3 000	2	6 000	3 000	6 000
装配车间				1 288.5	2	2 577	1 288.5	2 577
行政管理部门				1 518	2	3 036	1 518	3 036
合　计				7 806.5	2	15 613	7 806.5	15 613

制表：李娟平

Z-47-1

43100452055

湖南省增值税专用发票

湖南

发票联

№ 00025869

开票日期：2013 年 12 月 26 日

购货单位	名　　称：湘中宏源制造有限公司 纳税人识别号：430302789022218 地 址 、电 话：长沙市八一路 148 号 开户行及账号：工行长沙市兴城支行 1903019551012985321	密码区	0289－1＜9－7－ 615962008＜032/52＞ 9/29531－497416＜8－ 3024＞80906－2	加密版本 01 43100452055 00025869

货物或应税劳务名称	计量单位	数量	单　价	金　额	税率	税　额
电	度	42 534	0.50	21 267.00	17%	3 615.39
合　计				￥21 267.00		￥3 615.39
价税合计(大写)	贰万肆仟捌佰捌拾贰元叁角玖分					(小写)￥24 882.39

销货单位	名　　称：长沙市电业公司 纳税人识别号：431382785216790 地 址 、电 话：长沙市劳动路 112 号 开户行及账号：工行长沙金水分行 1901011009226860123	备注	长沙市电业公司 431382785216790 电费结算章

收款人：　　复核：　　开票人：王芳军　　销货单位(章)

第二联：发票联　购货方记账凭证

Z-47-2

委收号码：

委邮

委　托　收　款 凭证(付款通知)　5

委托日期：2013 年 12 月 26 日　付款日期 2013 年 12 月 27 日

业务类型		委托收款(□邮划，□电划)　托收承付(□邮划，□电划)			
付款人	全　称	湘中宏源制造有限公司	收款人	全　称	长沙市电业公司
	账号或地址	1903019551012985321		账号或地址	1901011009226860123
	开户银行	工行长沙市兴城支行		开户银行	工行长沙金水分行　行号 567
金额	人民币(大写)	贰万肆仟捌佰捌拾贰元叁角玖分		千百十万千百十元角分	2 4 8 8 2 3 9
款项内容	电费	托收收款凭据名称	增值税专用发票	附寄单证张数	2
备注		付款人注意：1. 应于见票当日通知开户银行划款。 2. 如需拒付，应在规定期限内，将拒付理由书并附债务证明交退开户银行。			

中国工商银行兴城支行 2013.12.27 业务章

单位主管：　会计：　复核：　记账：　付款人开户银行盖章　年　月　日

此联是付款人开户银行给付款人按期付款的通知

Z-47-3

外购动力费分配表

2013 年 12 月 28 日

部门	生产用电			其他用电			合计	
	数量	分配率	金额	数量	分配率	金额	数量	金额
铸造车间	19 750	0.5	9 875.00	800	0.5	400.00	20 550	10 275.00
——球磨机耗用	10 000		5 000.00					
——和泥机耗用	9 750		4 875.00					
机加工车间	8 800	0.5	4 400.00	600	0.5	300.00	9 400	4 700.00
——球磨机耗用	4 800		2 400.00					
——和泥机耗用	4 000		2 000.00					
装配车间	5 875	0.5	2 937.50	500	0.5	250.00	6 375	3 187.50
——球磨机耗用	3 875		1 937.50					
——和泥机耗用	2 000		1 000.00					
行政管理部门				6 209	0.5	3 104.50	6 209	3 104.50
合　计	34 425	0.50	17 212.5	8 109	0.50	4 054.50	42 534	21 267.00

制表：李娟平

Z-48-1

工商银行信汇凭证(回单)

1

委托日期 2013 年 12 月 30 日 № 00461253

汇款人			收款人		
	全称	湘中宏源制造有限公司		全称	郑州长风水泥制造公司
	账号	190301955101298532l		账号	516500209619805222
	汇出地点	湖南省长沙市/县		汇入地点	湖南省郑州市/县
	汇出行名称	工行长沙市兴城支行		汇入行名称	工行伏天支行
金额	人民币(大写)	玖仟叁佰陆拾元整		千百十万千百十元角分	¥936000
中国工商银行兴城支行 2013.12.30 业务章 汇出行签章			支付密码		
			附加信息及用途:		
			复核 记账		

此联是汇出行给汇款人的回单

Z-48-2

43000451964

湖南省增值税专用发票

№ 00696812

此联不作报销、扣税凭证使用 开票日期:2013 年 12 月 30 日

购货单位	名称:郑州长风水泥制造公司 纳税人识别号:481328906352147 地址、电话:郑州市西安路 45 号 开户行及账号:工行伏天支行 516500209619805222			密码区	241<9-7-6<032/52> 9/29533-49741626< - 41-6<7>2*-/>	加密版本 01 43000451964 000696812	
货物或应税劳务名称	计量单位	数量	单价	金额	税率	税额	
球磨机	台	1	160 000	-8 000.00	17%	-1 360.00	
合计				¥-8 000.00		¥-1 360.00	
价税合计(大写)	(负数)玖仟叁佰陆拾元整			(小写)¥-9 360.00			
销货单位	名称:湘中宏源制造有限公司 纳税人识别号:430302789022218 地址、电话:长沙市八一路 148 号 开户行及账号:工行长沙市兴城支行 190301955101298532l			备注	销售折让 5% 湘中宏源制造有限公司 430302789022218 发票专用章		

收款人: 复核: 开票人:胡红 销货单位(章)

第三联:记账联 销货方记账凭证

Z-48-3

企业进货退出及索取折让证明单

№ 0002123

销货单位	全　　称	湘中宏源制造有限公司			
	税务登记号	430302789022218			
进货退出	货物名称	单价	数量	货款	税额
索取折让	货物名称	单价	数量	要　　求	
				折让金额	折让税额
	球磨机	160 000.00	1	8 000.00	1 360.00
退货或索取折让理由	质量问题。 单位签章： 2013年12月30日		税务征收机关签章	2013年12月30日	
购货单位	全　　称	郑州长风水泥制造公司			
	税务登记号	481328906352147			

本证明一式三联：第一联，征收机关留存；第二联，交销货单位；第三联，购货单位留存。

Z-49-1

五险一金、经费计算表

2013年12月31日

计提项目	计提基数	计提率	企业计提金额
养老保险费	上年月平均工资总额250 000元	20%	50 000
住房公积金		12%	30 000
医疗保险费		10%	25 000
失业保险费		2%	5 000
生育保险费		1%	2 500
工伤保险费		0.8%	2 000
工会经费	本月工资总额265 500元	2%	5 310
职工教育经费		2.5%	6 637.50
合　　计			126 447.50

Z-49-2

五险一金分配表

2013 年 12 月 31 日

部　门		应付工资	住房公积金（12%）	养老保险费（20%）	医疗保险费（10%）	失业保险费（2%）	生育保险费（1%）	工伤保险费（0.8%）	合　计
铸造车间	生产工人	50 012.50							
	——球磨机工人	30 012.50							
	——和泥机工人	20 000.00							
	管理人员	3 638.02							
	小　计	53 650.52							
机加工车间	生产工人	78 166.60							
	——球磨机工人	48 000.00							
	——和泥机工人	30 166.60							
	管理人员	5 906.27							
	小　计	84 072.87							
装配车间	生产工人	46 726.03							
	——球磨机工人	31 000.00							
	——和泥机工人	15 726.03							
	管理人员	3 229.90							
	小　计	49 955.93							
行政管理人员		62 320.68							
合　计		250 000.00	30 000.00	50 000.00	25 000.00	5 000.00	2 500.00	2 000.00	

提示:完成表内计算项目。　　　　制表:李娟平

Z-50-1

工会经费、职工教育经费分配表

2013 年 12 月 31 日

部门		应付工资	工会经费(2%)	职工教育经费(2.5%)	合　　计
铸造车间	生产工人	54 011.58			
	——球磨机工人	34 000.00			
	——和泥机工人	20 011.58			
	管理人员	4 638.94			
	小　　计	58 650.52			
机加工车间	生产工人	80 166.67			
	——球磨机工人	48 000.00			
	——和泥机工人	32 166.67			
	管理人员	6 406.20			
	小　　计	86 572.87			
装配车间	生产工人	51 726.32			
	——球磨机工人	31 726.32			
	——和泥机工人	20 000.00			
	管理人员	4 229.61			
	小　　计	55 955.93			
行政管理人员		64 320.68			
合　　计		265 500.00	5 310.00	6 637.50	

提示：完成表内计算项目。

制表：李娟平

Z-51-1

工资及福利费分配表

2013 年 12 月 31 日

部　　门		应付工资	职工福利费		合　　计
			分配率	分配额	
铸造车间	生产工人	54 011.58			
	——球磨机工人	34 000.00			
	——和泥机工人	20 011.58			
	管理人员	4 638.94			
	小　　计	58 650.52			
机加工车间	生产工人	80 166.67			
	——球磨机工人	48 000.00			
	——和泥机工人	32 166.67			
	管理人员	6 406.20			
	小　　计	86 572.87			
装配车间	生产工人	51 726.32			
	——球磨机工人	31 726.32			
	——和泥机工人	20 000.00			
	管理人员	4 229.61			
	小　　计	55 955.93			
行政管理人员		64 320.68			
合　　计		265 500.00	14%		

制表：李娟平

Z-52-1

预付费用分配表

2013 年 12 月 31 日

部　　门	分　摊　项　目			合　　计
	机动车辆保险费	财产保险费	报刊杂志费	
行政管理部门	506.00	1 846.67	703.00	3 055.67
合　　计	506.00	1 846.67	703.00	3 055.67

制表：李娟平

Z-53-1

固定资产折旧计算汇总表

2013 年 12 月 31 日

类别 部门	房屋建筑物	机器设备	运输设备	办公设备	合　　计
铸造车间					
机加工车间					
装配车间					
行政管理部门					
出租固定资产					
合　　计					

制表：李娟平

提示：房屋建筑物月折旧率为 0.35%，机器设备、运输设备月折旧率为 1.6%，办公设备月折旧率为 2.67%。

Z-54-1

无形资产价值摊销表

2013 年 12 月 31 日

名　　利	待摊销期间	本月摊销额
发明专利		5 000.00
合　　计		5 000.00

制表：李娟平

Z-55-1

领用材料汇总表

2013 年 12 月 31 日

领用部门及用途		炼钢生铁		铸造生铁		冷轧卷板		电动机		减速机		大齿轮		配件 A		配件 B		备　件		合计
		领用数量	实际成本	领用数量	实际成本	领用数量	实际成本	领用数量	实际成本	领用数量	实际成本	领用数量	实际成本	领用数量	实际成本	领用数量	实际成本	领用数量	实际成本	
铸造车间	球磨机	35		50															1 456.00	
	和泥机	21		30															958.00	
	一般用																		546.00	
机加工车间	球磨机							20		20		20		10					2 145.00	
	和泥机							18		18		18		9					1 254.00	
	一般用																		345.00	
装配车间	球磨机					14										20			658.00	
	和泥机					8										18			412.00	
	一般用																		458.00	
销售部	出售	2																		
行政管理部门																			1 800.00	
合　计		58		80		22		38		38		38		19		38			10 032.00	

提示：采用加权平均法计算发出材料成本。

写明加权平均单价计算过程。

制表：李娟平

Z-56-1

铸造车间制造费用分配表

2013 年 12 月 31 日

分配对象	分配标准(生产工人工资)	分配率	分配金额
球磨机			
和泥机			
合　　计			

制表:李娟平

Z-56-2

机加工车间制造费用分配表

2013 年 12 月 31 日

分配对象	分配标准(生产工人工资)	分配率	分配金额
球磨机			
和泥机			
合　　计			

制表:李娟平

Z-56-3

装配车间制造费用分配表

2013 年 12 月 31 日

分配对象	分配标准(生产工人工资)	分配率	分配金额
球磨机			
和泥机			
合　　计			

制表:李娟平

Z-57-1

成本计算单

2013 年 12 月 31 日

产品名称:球磨机　　　　完工产品数量:11 台

项　　目	直接材料	燃料及动力	直接人工	制造费用	合　　计
月初在产品成本					
本月生产费用					
合　　计					
完工产品成本					
月末在产品成本	—	—	—	—	—

提示:月末无在产品。　　　　制表:李娟平

Z-57-2

成本计算单

2013 年 12 月 31 日

产品名称：和泥机　　　　完工产品数量：29 台

项　　目	直接材料	燃料及动力	直接人工	制造费用	合　　计
月初在产品成本					
本月生产费用					
合　　计					
完工产品成本					
月末在产品成本	—	—	—	—	—

提示：月末无在产品。　　　　制表：李娟平

Z-57-3

完工产品成本表

2013 年 12 月 31 日

成本项目	球磨机（　　）台		和泥机（　　）台	
	总成本	单位成本	总成本	单位成本
直接材料				
燃料及动力				
直接人工				
制造费用				
合　　计				

制表：李娟平

Z-58-1

长期借款应付利息计算表

2013 年 12 月 31 日

贷款银行	借款种类	本　　金	月利率	利息额

制表：陆军

Z-59-1

销售成本计算表

2013 年 12 月 31 日

产品名称	计量单位	销售数量	单位产品成本	销售成本
球磨机	台			
和泥机	台			
合　　计				

提示：采用加权平均法计算产品销售成本。　　　　制表：陈湘平

写明计算过程。

Z-60-1

应交营业税计算

2013 年 12 月 30 日

项　　目	计税依据		适用税率	应交金额	备　　注
	项　目	金　额			
营业税	出租房收入		5%		

制表：李静

Z-61-1

未交增值税结转表

2013年12月31日

项 目	栏 次	金 额
本期销项税额	1	
本期进项税额	2	
本期进项税额转出	3	0
本期实际抵扣税额	4=2−3	
本期应纳税金额	5=1−4	
期初未交纳增值税	6	0
本期已交纳增值税	7	0
本期未交增值税合计	8=5+6−7	

制表：李静

Z-62-1

应交城市维护建设税计算表

2013年12月31日

项 目	计税依据		适用税率3	应交金额 4=(1+2)×3	备 注
	增值税1	营业税2			
城市维护建设税			7%		
合 计					

制表：李静

Z-62-2

应交教育费附加计算表

2013年12月31日

项 目	计税依据		适用税率3	应交金额 4=(1+2)×3	备 注
	增值税1	营业税2			
教育费附加			3%		
合 计					

制表：李静

Z-62-3

应交地方教育费附加计算表

2013年12月31日

项 目	计税依据		适用税率3	应交金额 4=(1+2)×3	备注
	增值税1	营业税2			
地方教育费附加			2%		
合 计					

制表：李静

Z-63-1

应交房产税计算表

2013年12月31日

自己用房				出租用房			合计
原值	扣除率	年税率	本月应交金额	月租金收入	税率	本月应交金额	
6 370 000	20%	1.2%			12%		
注：自己用房应交房产税＝房产账面原值×(1－扣除率)×年税率/12							

制表：李静

Z-64-1

应交土地使用税计算表

2013年12月31日

实际占用土地面积	每平方米年税额	本月应交金额
3 500	5	
注：月应纳税额＝实际占用土地面积×每平方米年税额/12		

制表：李静

Z-65-1

查明一台锻造机工艺技术较落后，预计可收回金额低于其账面价值10 000元。

财务科长：李静

2013年12月31日

Z-66-1

坏账准备计算表

2013年12月31日

应收账款余额	计提比例	应提准备数	账面已提数	应补提(或冲减)数
375 400.00	10%			

制表：张洁

Z-67-1

12 月份损益类账户发生额汇总表

2013 年 12 月

项　　目	借方金额	贷方金额
主营业务收入		
其他业务收入		
投资收益		
主营业务成本		
营业税金及附加		
其他业务成本		
管理费用		
销售费用		
财务费用		
资产减值损失		
营业外支出		
公允价值变动损益		

制表：陈湘平

Z-68-1

所得税纳税调整额计算表

调整项目	会计实际列支金额	税法允许列支金额	纳税调整金额	
			增加额	减少额
职工福利费				
工会经费				
职工教育经费				
业务招待费				
固定资产减值准备				
坏账准备				
国库券利息收入				
合　　计				

制表：陈湘平

提示：本年所得税调整资料：

该公司在年终决算时，发现下列纳税调整事项：

1. 全年列入成本费用中的工资支出为 3 250 000 元(符合税法规定)，实际发生的职工福利费为 460 000 元、工会经费为 72 000 元、职工教育经费为 84 850 元。税法允许扣除的比例为：职工福利费 14%、工会经费 2%、职工教育经费 2.5%。

2. 支付违反环保法规定罚款 3 000 元。

3. 管理费用中列支业务招待费 98 124 元。全年营业收入为 12 518 000 元。

4. 向兄弟单位提供赞助 10 000 元。

5. 计提固定资产减值准备 10 000 元。

6. 计提坏账准备 54 597 元。

7. 投资收益中有国库券利息收入 108 000 元。

Z-68-2

应交所得税计算表

项　　目	金　　额
本年利润总额	
纳税调整金额	
全年应纳税所得额	
税　　率	
全年累计应纳所得税额	

制表:陈湘平

Z-68-3

所得税费用计算表

2013 年 12 月 31 日

项　　目	金　　额
全年累计应纳所得税额	
加(或减):递延所得税负债增加额(或减少额)	
减(或加):递延所得税资产增加额(或减少额)	
所得税费用	

制表:陈湘平

Z-69-1

利润分配表

2013 年 12 月 31 日

项　　目	本年净利润	计提比例	金　　额
提取法定盈余公积		10%	
提取任意盈余公积		10%	
应付现金股利或利润		50%	

制表:陈湘平

Z-70-1

全年净利润结转表

2013 年 12 月 31 日

应贷科目 / 应借科目	利润分配——未分配利润
本年利润	

制表:陈湘平

Z-71-1

已分配利润结转表

2013 年 12 月 31 日

应借科目 / 应贷科目	利润分配——未分配利润
利润分配——提取法定盈余公积	
利润分配——提取任意盈余公积	
利润分配——应付现金股利或利润	
合　　计	

制表：陈湘平

参 考 文 献

[1] 谢丽安,王玉芹. 财务会计实训教程[M]. 长沙:湖南大学出版社,2008.
[2] 陈强. 财务会计全真实训[M]. 北京:清华大学出版社,2010.
[3] 陈文标. 会计分岗位实训教程[M]. 天津:南开大学出版社,2010.
[4] 谢丽安,吴蓉频. 财务会计项目化教程[M]. 哈尔滨:哈尔滨工程大学出版社,2011.
[5] 财政部会计职称评价中心. 初级会计实务[M]. 北京:中国财政经济出版社,2011.

中国铁道出版社
CHINA RAILWAY PUBLISHING HOUSE

教师服务登记表

填表日期：______________

<table>
<tr><td>教师姓名</td><td></td><td>□先生
□女士</td><td>出生年月</td><td></td><td>职务</td><td></td><td colspan="2">职称 □教授 □副教授 □讲师 □助教 □其他</td></tr>
<tr><td>学校</td><td colspan="3"></td><td>学院</td><td colspan="2"></td><td>系别</td><td></td></tr>
<tr><td>联系电话</td><td colspan="4">办公：
移动：</td><td>联系地址及邮编
E-mail</td><td colspan="3"></td></tr>
<tr><td>学历</td><td></td><td>毕业院校</td><td></td><td colspan="2">国外进修及讲学经历</td><td colspan="3"></td></tr>
<tr><td>研究领域</td><td colspan="8"></td></tr>
<tr><td colspan="4">主讲课程</td><td colspan="2">现用教材名</td><td>作者及出版社</td><td colspan="2">教材满意度</td></tr>
<tr><td colspan="4">课程 1
□专 □本 □研　人数：　学期：□春 □秋</td><td colspan="2"></td><td></td><td colspan="2">□满意 □一般
□不满意 □希望更换</td></tr>
<tr><td colspan="4">课程 2
□专 □本 □研　人数：　学期：□春 □秋</td><td colspan="2"></td><td></td><td colspan="2">□满意 □一般
□不满意 □希望更换</td></tr>
<tr><td colspan="4">课程 3
□专 □本 □研　人数：　学期：□春 □秋</td><td colspan="2"></td><td></td><td colspan="2">□满意 □一般
□不满意 □希望更换</td></tr>
<tr><td>著书计划</td><td colspan="8"></td></tr>
<tr><td colspan="9">希望提供的样书
注：申请的样书必须与本表填写的授课情况相符。</td></tr>
<tr><td colspan="2">书　号</td><td colspan="7">书　名</td></tr>
<tr><td colspan="2">ISBN 7-113-□□□□□</td><td colspan="7"></td></tr>
<tr><td colspan="9">意见和建议</td></tr>
<tr><td colspan="9"></td></tr>
</table>

此表请填写人据实填写，以详尽、清晰为盼。填妥后请选择以下任何一种方式将此表返回：(如方便请赐名片)

地 址：北京市西城区右安门西街 8 号　　中国铁道出版社教材研究开发中心　　邮编：100054

电 话：(010) 51873014　　E-mail：book@tdpress. com

图书详情可登录http://www. edusources. net网站查询